Glauber Barizan
O CONSULTOR

"As pessoas dizem que eu sou louco por fazer o que faço. Elas me dão todos os tipos de conselhos para me salvar do fracasso. (...)

As pessoas dizem que eu sou preguiçoso sonhando a vida inteira. Elas me dão todos os tipos de conselho feitos para me iluminar. (...)

As pessoas fazem perguntas, perdidas em confusão.

Eu digo que não há problemas, só soluções. (...)

Eu estou apenas sentado aqui vendo as rodas girando e girando."

John Lennon

À minha amada esposa Sandra e às minhas queridas filhas Julia e Amanda, que são minha fonte de inspiração e motivação. Este livro é dedicado a vocês, que sempre me apoiaram em todas as minhas realizações e compartilharam comigo as alegrias e desafios da vida.

Obrigado por serem minha família, meu porto seguro e minha razão de ser, tenho vocês marcadas em minha pele e seladas em meu coração.

Glauber Barizan
O CONSULTOR

Menu

Prefácio 4

Capítulo 1 - Saem os dedos ficam os teclados 12

Capítulo 2 - Nem tudo são "Fiores" 29

Capítulo 3 - "Clientes são clientes e vice-versa" 43

Capítulo 4 - No tempo em que o Mar Morto ainda estava doente............52

Capítulo 5 - Uma linha tênue 60

Capítulo 6 - A insustentável leveza do notebook 71

Capítulo 7 - Uma vez consultor, consultor até morrer...............84

Capítulo 8 - Liberdade pra dentro da cabeça 100

Prefácio

Seis da manhã, como todo dia, desperta o celular, smartphone, com o "radar" como música, o mais leve para acordar, sem sustos. Pulo ou não pulo, corro ou não corro. Seria mais um dia sem correr? Será que está chovendo (tomara)? Será que vou poder chegar em casa de tarde e correr sem chuva? Será que chove hoje? Será que chego em casa hoje? Será? O que será que me espera no trabalho? Daily meeting, o que vou falar? O que fiz ontem mesmo? Putz, já são 6:05, melhor levantar-se.

Acordar as crianças e preparar o café, para todos, inclusive para mim e minha esposa. É, todos, os bichos também tomam café, não exatamente a bebida, mas o café da manhã.

É, não vou correr, vou de café e a tarde, se não chover, se eu chegar antes de escurecer, se eu chegar, então vou. Aproveito e levo a Mel e a Julie, minhas cachorras mais fofas. Ainda tem a Puppy, a mais velha e pequena e a Sofia e Amora, minhas gatinhas.

O povo todo come, as crianças, os adultos, os bichos, e vamos lá para a escola, voltar se aprontar e sair. Entre voltar e sair tem um buraco imenso neste "aprontar". Ainda tem a limpeza do corredor, afinal os bichos comem e eliminam aquilo que o corpo não aproveita. Enfim, vamos sair, mais um dia de trabalho. Ufa, trabalho, tenho para onde ir, tenho o que fazer. Tenho? Bom, vou ver quando chegar lá.

Carro, trânsito, xinguei ele mesmo, entrou na minha frente sem dar seta, sem avisar. Como posso saber o que passa na cabeça desta "anta"? Nem na minha eu consigo decifrar!!!! Seguindo, parar perto do trem, não vou seguir de carro, prefiro o trem, mais rápido (será?). Sempre vejo o trem passando ao longe, poxa, se tivesse saído mais rápido, se não tivesse pegado as fezes do cachorro, se não tivesse parado no semáforo. Mas fiz tudo isso e o trem passou, agora o próximo.

Com certeza, sentado só um milagre. Bom, ficar encostado já é uma vitória, assim posso ler meu Kindle, sem me preocupar em segurar em algum lugar. Passam várias estações, descem e sobrem muitos. Consegui permanecer encostado, ainda de pé. Por força da lei de Murphy, só irá surgir um lugar na estação que eu irei descer. E não é que surge mesmo!!!

Uma hora exata depois, cheguei para um dia de trabalho, mais um dia. Sento-me, abro o micro, ligo e entro com meu usuário e senha. Costas doendo, já que a mochila é pesada (não exatamente a mochila, mas o que tem dentro, notebook antigo, escova de dentes, papéis e outros badulaques, afinal meu escritório levo nas costas literalmente). Daily Meeting? Sim, vamos falar o que fizemos ontem. O que foi mesmo? Ah tá, o mesmo que farei hoje, ou melhor, hoje vou continuar neste mesmo problema, já abri chamado, já falei com especialista, já resolvi muitas vezes este problema, mas não me lembro!!!

Dia comum de quem tem estas atividades, comum demais. Nada demais para quem todos os dias têm uma rotina puxada, com todas as atividades em dia, mesmo aquelas que não fazem parte da rotina. Um dia a mais é só mais um dia e quando mudam as coisas... aí que preguiça de fazer. Por que não me deixam fazer aquilo que sei? Sei por que faço todo dia a mesma coisa. Vamos pensar no futuro, daqui a dez anos, o que vou querer estar fazendo? Dez anos? Nossa, não sei nem o que devo fazer hoje, imagina daqui a dez anos. Imagine você, temos mais de meio milhão de produtos diferentes no mercado, sendo noventa por cento deles já defasados e ultrapassados, com versões obsoletas e com seus idealizadores pensando em como melhorar ou atualizar suas versões. Nada é novo, tudo fica "passado" um minuto após seu lançamento, ou até aquele seu vizinho de baia falar "nossa, você ainda usa isso?", com aquele ar de experiente. Trabalhar com tecnologia é estar sempre a frente. A frente do que? Eu diria, a frente dos problemas, das coisas que não funcionam e das dores de cabeça que só os cabeçudos da comissão de frente sentem, por serem um escudo para a sociedade.

Aliás, sociedade que nos vê como um tratador de cavalos (no caso os computadores), onde alimentamos e cuidamos da escória jogada para dentro dos bits e bytes dos circuitos integrados. Hoje falar em linguagem de programação e vírus de computador é algo tão corriqueiro quanto entender que dipirona pode curar uma febre. Imagine este papo a 30 anos. Seria algo muito surreal. Nascer com um notebook, um tablete ou um celular no colo do útero é algo, digamos, mais que normal, corriqueiro. Inconcebível não saber o que significa hash tag. Não precisa saber para o que serve, mas saber o que é, mais do que obrigação.

Este é um dia de um consultor. Ser consultor nada mais é do que ser alguém comum (por incrível que pareça), com sentimentos, valores e posição social. Sim, posição social. Ninguém foi capaz de definir esta profissão como algo diferenciado, ou como alguém que deva ter um curso superior associado a uma qualidade profissional no sentido de endereçar esta função. Sim, por incrível que pareça ser consultor requer muitas habilidades, entre elas terminar um curso superior. OK, não existe um curso superior voltado a este segmento, mas é necessário ter um, qualquer um. Engenharia é bem requisitado, análise de sistemas (tudo a ver), ciências da computação (mestre), arquitetura (nunca sai de moda), moda (já vi no ramo) e até administração, este último o mais aceitável (fora os técnicos).

Nada mais técnico que um consultor chegando com sua mochila (mala, bolsa ou até "pochete") carregando seu notebook a tira colo, com uma chave de acesso praticamente infalível, sempre com aquele sorriso leve, do tipo "sou gente boa", sabendo que os que lhe rodeiam está o achando o mais babaca dos seres vivos. Onde posso me sentar? Sentar-se??? Esse cara vai ficar aqui com a gente? Vai fazer aquilo que eu faço todo dia, vai me encher o saco e ainda falar aquilo que eu já sei? Pior, vai ganhar muito mais do que eu ganho. E ainda não sabe nem metade das coisas que levei anos para entender dentro desta empresa vital.

O consultor nada mais é que alguém carente, de muitas coisas. Informação, amigos, colegas, mesa, cadeira, um lugar para chamar de seu. O cara não tem nem telefone (celular não vale). Seu escritório móvel mal tem espaço para sua pasta de dentes. Uma papelada que ele carrega para (acreditem) só impressionar. Para que serve um manual hoje? Lembram da história do passado a um minuto? Se um produto já está passado imagine um manual. Nada que não seja on-line está atualizado. Se imprimiu algo, perdeu tempo. Só terá valor se imprimiu uma nota de US$ 100,00 verdadeira (note que falei US). O consultor sabe disso, aliás ele sabe muito.

Ser consultor não é só ter uma profissão nômade e ser confundido com vendedor de Avon. É ser oculto em muitos momentos ("Ele vai estar aqui para resolver os problemas") e presente nos finais felizes ("O Consultor finalizou o projeto com sucesso"). É uma arte quase abstrata, saber o momento certo de falar "hmmm, não sei, mas vou pesquisar" e "claro, já passei por isso várias vezes", são técnicas simples e complexas, que mostram a flexibilidade de suas atribuições.

Saber falar o que querem ouvir nem sempre funciona. O que funciona mesmo é falar o que ninguém ainda falou, mesmo que não signifique nada, mas se couber no contexto você conquistou o seu eleitorado, você será uma referência ao saber exemplificar o que acabaram de dizer a você, se falar que já passou por isso então, você estará incluso de vez na sociedade do cliente. Mas mentir não o faz melhor ou irá te colocar lá dentro. Uma mentira desvendada é o fim de um consultor.

A rede social dos clientes de consultoria é tão veloz quanto a luz e as informações sobre bons ou maus consultores são proliferadas de forma abundante e repetitiva, com conexões em bandas largas acima de 10GB, sendo conexões ponto a ponto com redundância e profunda qualidade de transmissão. São redes que jamais caem e tem alto balanceamento entre seus vários servidores, a linguagem é bem apropriada para que isso seja muito bem claro. Um bom consultor deve, em primeiro lugar, zelar pela sua reputação e pela sua aparência, não necessariamente física, mas daquela que vem a mente do cliente quando citado o seu nome. Sujar o nome do consultor é o mesmo que quebrar o piano de um pianista (ou os dedos dele). E 97,38% dos responsáveis por esta proeza é o próprio "EU", tanto no presente ("eu" sei, "eu" faço, "eu" tenho, "eu" sou) quanto no passado ("eu" tinha, "eu" fiz, "eu" era).

O consultor só deve saber, de fato, o que dizer. Como citado antes, nenhum cliente espera apenas palavras difíceis de dizer, nem termos relativos e em outras linguagens e línguas, mas o que ainda ninguém disse para ele. Isso o faz pensar que a informação dada é promissora, pode funcionar, vale dinheiro e tem futuro. Com isso o consultor ganha audiência, ouvidos e o início de uma credibilidade. Não vá pensando que isso é criado no primeiro encontro (a não ser que você já seja um Deus), mas a frase manjada (e põe manjada nisso) que a primeira impressão é a que fica, cabe como se fosse exclusiva, quase um sinônimo da primeira reunião de apresentação. O *Kick-off*, é como chamam o início de um projeto e pode significar pé na bunda numa abertura malsucedida (o *off* e o *ass* estão bem próximos neste termo).

Planejar uma nova empreitada ou uma entrada triunfante num cliente é algo que quase sempre não funciona se você não estiver em sintonia com todos os assuntos citados pelo cliente. É muito importante saber onde você vai dar um pitaco. Se não souber, diga que não sabe de uma forma quase empobrecida, que tenham pena de você por não saber deste assunto, que deve ser, de maneira obrigatória, algo relacionado ao ramo de atividade do cliente, para que ele possa, com ar de superioridade, te dar uma aula expressa e se sentir satisfeito em poder te ensinar algo que você é, de fato, ignorante. Lembrar que você é malvisto e que ninguém gosta de você é algo que deve estar sempre em mente, pois o questionamento mental das pessoas ao seu redor será sempre a procura de algo que você não sabe e que provavelmente iria gaguejar. "Te ferrar" seria o termo mais adequado, principalmente se você responder algo que a dias estão buscando uma solução.

Olhares discriminativos são costumeiros e devem ser encarados como uma aprovação de que você não é bem-vindo e se te olharem de forma carinhosa, saia correndo, pois ou está em lugar errado ou vão te comer vivo e apenas estão amaciando a carne. Ser consultor é ter certeza de que nada que você fizer no primeiro encontro vai apagar o conceito (ou preconceito) criado antes da sua chegada, sendo que o tempo costumeiro para que te aceitem varia de 2 a 5 semanas. Isso quando o projeto é longo, projetos curtos, de uma semana por exemplo são para mestres, seniores. Conseguir sair com bons olhos em períodos curtos não é para amadores, em geral o consultor de uma semana é quase um fantasma ou uma entidade de âmbito insignificante, entra e sai sem nem ser notado, a não ser que faça o seu nome (positiva ou negativamente). Se fizer uma "cagada" (com perdão da expressão) será marcado pelo resto de seu ciclo, até que todos os funcionários daquele setor visitado sejam trocados ou se aposentem. Por outro lado, se for "o cara" vai ter sua paciência testada a cada dia, será a referência eterna, até que chegue outro do mesmo nível, ou melhor. E não se empolgue com isso, pois não costuma acontecer sempre. Na verdade, a primeira opção (da "cagada") é mais comum, mas quando acontece você vai achar que será o melhor sempre, em todos os clientes que estiver. Cuidado com isso, pois a insuportável leveza do ser é, de fato, insuportável.

Entrar em um lugar com o ar de "vocês estão olhando para o melhor" já lhe trará um golpe de realidade logo no primeiro encontro. Em muitos casos a "porrada" vem de muito alto. Geralmente do principal patrocinador do projeto. Já te coloca no seu devido lugar, porém é muito dolorido e para quem ainda não for "cascudo" pode sofrer alguns danos ofensivos e até irreparáveis.

Seja apenas mais um, entre com confiança, com cara de fornecedor, como alguém que veio somar, um membro da equipe, um irmão, um companheiro, um ombro amigo, enfim, um consultor. Afinal é isso que você é, tão somente. Entrar em algum lugar já é difícil, em qualquer circunstância, após algum tempo, você poderá utilizar a sua cara mais influenciadora, a cara de cliente. Com esta cara você abre todas as portas, cumprimenta todas as pessoas e, em alguns casos, é até respeitado.

A cara de cliente o faz ser um "ser quase invisível", ou melhor, quase um membro deles, alguém que pode ir ao banheiro, corredores, salas, recepções e até no café sem precisar fazer qualquer esforço ou mesmo ser acompanhado por alguém.

Dado este "disclaimer" (se não sabe o que é isso, trate de aprender) você poderá entender o que passa por uma cabeça, nem sempre controlada e organizada, de um consultor. Você precisa entender como um fluxo de informação desce pelos cerebelos destes seres quase imunes as catástrofes naturais. Imagine uma bola de ping-pong descendo em uma madeira cheia de pregos, como nos brinquedos dos antigos parques de diversão que eram montados naquela esquina perto da escola. É exatamente como entra uma ideia e uma informação na cabeça de um consultor. Nada é simples ou complicado o bastante para deixar de ser resolvido em uma semana, aliás uma semana é tempo mínimo de uma resolução, menos que isso, só pagando hora extra.

Capítulo 1
Saem os dedos ficam os teclados

Começou cedo, ainda era pela manhã, manhã de um sábado ensolarado, dia quente como de costume, sempre disposto e forte para atingir seus objetivos e chegar a sua conquista final. Foco total, concentração quase budista e olhar direcionado a sua principal motivação por estar ali. De manso, apenas olhei para o lado para entender o que estava acontecendo e simplesmente fui surpreendido por uma forte bolada no seu pé direito, que o atravessou como se fosse um búfalo ferido, guiando sua manada a mais longínqua savana afim de livrar sua culpa de ser o responsável pela devastação de sua raça pela alcateia de leões (alcateia segundo o Google).

Enfim, a bola estava para ser chutada, e o defensor apenas tinha como objetivo bloquear a tal bola com o intuito de não permitir que a mesma chegasse ao seu objetivo final, que era o gol. Nisso o indivíduo, aqui citado (no caso eu), resolveu por prumo próprio interceptar a diretiva bola, que já estava a caminho de seu objetivo final, com a perna oposta à sua posição, permitindo assim que a devida bola da qual estava com destino traçado movimentou de forma brusca e desordenada o artelho direito que o fez torcer, e devido ao movimento perpendicular do corpo, o mesmo aportou todo seu peso sobre o artelho, o fazendo em pedaços.

A explicação acima foi ditada pelo médico a enfermeira na justificativa médica da ausência do trabalho na segunda-feira, quando eu, consultor de informática, 26 anos, na época solteiro, ensino superior completo e um projeto para entregar saí do consultório com meu artelho (ou, mais conhecido como tornozelo) devidamente engessado e sem poder, em hipótese alguma, debruçar meu pequeno pé tamanho 43, bico largo, sobre o chão. "Três meses sem sentir a sola no assoalho, heim?", ainda brincando com a situação nada confortável pra mim. "Você não faz ideia o que é isso", disse no telefone a meu companheiro de projeto. "Quem não faz ideia é você. Sabe quanto tempo falta para o nosso dead line? Faça as contas. Amanhã aqui, sem falta" retrucou meu amado companheiro que de fato tinha como o compromisso profissional trazer a equipe para o sucesso.

Realidade mesmo só que o sucesso era sempre do projeto, nunca das pessoas. Mas ele estava lá, o famoso GP (gerente do projeto), querendo saber tudo, chegando antes de todos, indo embora depois não houvesse mais ninguém na sala, "será que ele vai embora mesmo?", alguns cochichavam. Mas o que tanto faz este ser tão atarefado, sem vida própria, falando apenas sobre o que falta, como entregar, quando e se vai sair como foi pedido. "Quanto tempo você precisa para terminar isso? TRÊS DIAS???? Você tá louco?!?!?! OK, vou colocar no cronograma 8 horas, se precisar você fica um pouco mais tarde hoje". Este ser abstrato mereceria um capítulo exclusivo. Tanto adjetivado deveria ser incluído no dicionário como um ponto unânime. Qualquer atribuição não social, familiar, pessoal, humana e até animal pode lhe ser direcionada. Isso cabe uma página extensa com letra currier 07 fácil, fácil.

No dia seguinte estava eu lá, como prometido (aliás não lembro de prometer a ninguém, mas enfim). Na porta, de taxi (como dirigir com um pé neste estado), gritando para alguém na portaria ouvir "CHAMA O GP PARA PAGAR O TAXI, TÔ SEM GRANA". Algo que poderia ser humilhante a muitos, é mais que corriqueiro para quem olha o final do mês longe de terminar e o saldo da conta perto de zerar. "Reclama de barriga cheia, ganha uma fortuna como consultor, ganha por hora", mas esquecem que o autônomo tem poucos privilégios funcionais. De fato, ganha bem, quando trabalha. E por estar na ficha do valor por hora, deve trabalhar quando pedem, sábado, domingo, feriado, dia santo, carnaval (opa, carnaval não é feriado), de manhã, a tarde, a noite, de madrugada. "Deixa o seu celular ligado e operando", vida de médico, porém sem a grandeza da salvação. Salvação de máquinas e muitas vezes, como neste caso, apenas da operação, do programa e da execução de um processo.

"OK, cheguei. Vamos lá, o pessoal do CIPA não pode me ver assim de pé pra cima". E não deveria ser assim. Mas lembra o parágrafo anterior? Horas trabalhadas. Não trabalhou, não ganhou. As contas não se quebram com as pernas, ou melhor continuam quebrando a cada dia. Vão os pés, mas os dedos das mãos que são os mais importantes ficam. "Sua cabeça ainda funciona? Então não tem o que reclamar. Vai usar os pés para que?" Afinal, ninguém precisa sair para almoçar mesmo, tem delivery. Ah, as pizzas, como elas são úteis. Jamais um invento italiano deu tão certo para a informática como a pizza. Nem a NASA conseguiu tal proeza, criando uma fórmula tão perfeita para alimentar o feroz consultor.

"Vamos lá, onde eu parei mesmo?"

Nada de mais para fazer, ou melhor, nada de mais além de criar um programa, escrevê-lo documentá-lo e testá-lo com a eficiência de uma máquina pensante. "Mas espera aí, quem criou este programa?" sai de uma abençoada cabeça esta frase quase ofensiva. "Quem cria não pode testar, já conhece todas as manhas, onde clicar, onde pode, onde não pode. Isso está contra as leis da programação, ou da análise de sistema". Mas quem criou estas leis? De fato, elas existem? Alguém já procurou por isso? Se existem, ninguém as mostrou para o programador que criou as páginas de acesso e resgate de pontos dos programas de milhagem dos cartões, ou mesmo aos sites do governo e instituições ligadas a ele. Se é uma lei universal, deveria ser seguida, ou quiçá respeitada. "Mas isso vale também para quem está com restrição de movimentos? Afinal o usuário que deveria testar este produto fica dois andares para cima", indagação coerente por se tratar de uma equipe coesa e um time disperso. "Olha, até posso mandar um e-mail pedindo para que ele faça isso, mas e as explicações? Ele se senta do lado da menina do RH!" e lá se foi a incerteza de um novo dia trabalhando com os pés para cima.

OK, alguém que não está envolvido diretamente no desenvolvimento precisa testar, e o dono do produto precisa explicar como funciona. Logo na primeira tela segue o comentário "mas espera aí, não foi isso que eu pedi! Isso não serve para mim, se fosse para ser assim eu faria numa planilha, ficaria muito mais fácil e barato". De fato, ficaria, mas não é ele quem está pagando, principalmente as horas do funcionário que está ali só para testar o programa.

De pés pra cima, como eu chegaria lá, dois andares para cima com uma disposição fenomenal e com a sutileza de uma baleia para explicar um programa que eu apenas traduzi da cabeça do consultor funcional para as linhas de programação. Ah, são só dois andares e o elevador serve para isso mesmo, subir e descer pessoas. Ah, vivemos em uma cidade grande de um país subdesenvolvido, quando chove é uma desgraça, a luz acaba e as enchentes embelezam a paisagem. Está chovendo, o rio que passa bem no meio da avenida está quase transbordando, e claro, já vai levar uns carros juntos. Nem preciso dizer que a luz acabou, e subir dois andares sem poder colocar um dos pés no chão é quase uma penitência. "Ajuda ele a subir", grita alguém que com certeza não vai se quer se movimentar para deixar a sua voz mais clara. A faxineira, sempre cordial, com seus 73 anos e uma barriga adquirida no decorrer destes anos é a única que se prontifica. "São só dois andares", me justifico a pobre mulher. Dois andares depois e 43 minutos mais tarde, descobri que o ser iluminado, aquele que iria testar o dito programa, saiu antes que a enchente tomasse o prédio.

E de fato a enchente tomou o prédio. Dois andares acima do décimo segundo, onde costumava trabalhar, sem elevador e agora sem a tiazinha da limpeza, que tratou de "se mandar" antes que as coisas pudessem piorar, eu me encontrava, de pernas para cima e com a intensão eminente de que minha queda do décimo quarto andar talvez nem seja notada, pois todos já se foram.

Seis horas da manhã, dia ensolarado e céu limpo, afinal depois de uma tempestade gigantesca a sensação é que toda água vinda do céu já não existia mais, chega para trabalhar a tal tiazinha, 73 anos e carregando sua enorme barriga. "O senhor dormiu aqui?" perguntou a simpática senhora cordialmente a mim. "Dormir? Não, dormir é para os fracos. Testei todos os programas, inclusivo os que não são meus e cobrarei cada segundo que estive de frente a este computador do qual não faço ideia de quem seja. Apenas peço um favor a senhora, diga ao dono desta cadeira que o acento original já era amarelo e se for testar algo peça ao consultor funcional que lhe passem as tarefas, pois o programador só volta quando a equipe toda ficar no mesmo andar".

De nada adiantou tal pronunciamento, pelo menos para nossa querida tiazinha, que das palavras ditas apenas entendeu que eu não tinha dormido. E dormir de fato não é uma das tarefas mais fáceis de um consultor. Talvez nem seja dormir o problema, mas encontrar tempo para este período de descanso quase que utópico. É de grande nobreza alguém dar a um destemido consultor um momento como este. Imagina, ter que trabalhar com apenas uma das pernas e usufruir de uma cadeira quase que dobrável (não pelo conforto, mas pelo formato das nádegas da pessoa que a usou por horas e dias a fio) para poder ter no fim do mês seu sofrido salário (não estou falando em valor e sim em sacrifício mesmo até chegar ao fim do mês), diria que é quase uma desumanidade, ou talvez seria uma desconformidade com outras funções.

Mesmo que falarmos em necessidades de ação ou de compromisso desenvolvido na atuação de suas funções, trabalhar com uma deficiência (mesmo que passageira) não é uma tarefa simples para um consultor, que de forma abrangente deve estar sempre disponível para atuar em todas as áreas a qualquer momento e em qualquer lugar. Das histórias mais loucas posso destacar a precariedade das localizações e guetos (porões, sótãos, dispensas e até jaulas) dos quais os bravos e sorridentes profissionais precisam se acomodar. Sim, você leu certo, eu disse acomodar, pois como nessa história deste capítulo, muitas horas e até dias são dispensados nestes lugares.

Os pés para cima em um ambiente desagradável e constrangedor não convence o contratador de que existem necessidades comuns aos seres humanos. Sim, os consultores também são seres humanos e precisam de um aconchego e até um afago. Mas não vá acariciando logo o seu, que está aí do seu lado, pois isso pode causar uma estranheza tamanha no indivíduo e nos funcionários próximos que vai acabar com a reputação de necessitado e de jogado do personagem principal desta trama.

Assim como temos aquelas necessidades em se acomodar na cadeira, curvar sobre seus ombros e escorregar as nádegas até quase a ponta da cadeira, numa posição quase de Yoga, a destreza desta posição nos traz mais que uma dor nas costas e uma tendinite curada com uma luva de borracha. Nos traz um símbolo de status, o que deixa a lição de que, simplesmente deixar alguém plantado em uma cadeira a noite inteira, com o pé enfaixado olhando para uma tela (muitas vezes de fundo brando) e apertando algumas teclas, nos torna seres especiais, não só seres estranhos, mas seres estranhos especiais com poderes incomuns, daqueles que não servem para nada, a não ser deixá-lo mais incomum.

•

Os alojamentos de tetos escuros (isso quando há tetos), nem sempre alojam de forma adequada os profissionais externos de serviço. Mais uma vez, munido do meu destemido kit de primeiros socorros, sigo encorajado a minha mais nova acomodação profissional. Aquela onde eu vou passar bons momentos (digo, no sentido longínquo e não qualificando o momento) digitando, pensando, calculando, discutindo, conversando, ligando, teclando (nos aplicativos da vida) e até mesmo se alimentando.

Já habilitado, com as minhas duas pernas a postos, sigo para minha misericórdia, sendo esta a opinião posta no ponto de vista da nossa já conhecida tiazinha.

Adentrando ao recinto, olho ao redor, vasculhando todos os cantos, frestas e janelas (opa, janela? Não, janela nem pensar) busco caminhos possíveis de fuga. Encontro uma porta, meio que estranha, oposta à de entrada e cadeados na frente, gerando uma aparência de jaula, tanto do lado de fora quanto no de dentro. "Nossa, que cheiro é esse?", pergunto já abanando o ar. "Me parece que aqui era uma granja", já que era uma empresa de frango congelado entre outros alimentos. "Não, de forma alguma, o teto foi decorado a pouco para abafar o barulho que vem de fora", reponde de prontidão o anfitrião. Ao desviar o olhar para cima, percebo então de onde vem o tal cheiro de galinheiro. "Mas colaram caixas de ovos no teto para abafar o som?", pergunto com um certo tom de ironia. "Claro, não há material melhor para esta finalidade. Pelo menos foi o que o engenheiro disse ". Nada mais comum do que seguir a orientação de um conhecedor do assunto. Engenheiro alimentício, mas como discutir.

Sendo assim, lá vou eu, seguindo meu instinto, procurando uma cadeira para se despejar sobre ela. Como estou sendo o primeiro a entrar e conhecer a cela, digo, as "acomodações", tenho o direito de escolher qual cadeira vou me sentar. Porém, no meu primeiro olhar escaneador, aquele onde procuro todas as rotas de fuga, não consegui identificar se quer uma cadeira "sentável" que tivesse formas adequadas para minhas já gordas nádegas. Apenas madeira rígida e afiada o suficiente para causar um esfolamento das partes inferiores das coxas. "OK, vou ficar com aquela com os pés menos tortos. "Enfim, uma mesa gerada a partir de um andaime (provavelmente utilizado na colagem das caixas de ovos no teto) serve para acomodar até dez notebooks. "É, o lugar não é o dos melhores, porém vocês terão mais privacidade aqui, o banheiro é logo ali. "De costas, eu fecho os olhos e lembra da visão da porta com os cadeados. "Mas por que a tranca por fora? ", pergunto já angustiado com a possível reposta. "Ah, não tem trinco por dentro e a porta vive abrindo sozinha ". Imaginei naquele momento todo o projeto, dez pessoas na sala e o banheiro sem trinco, e pensei que o cheio de galinheiro foi providencial e de fato, o engenheiro estava com a razão.

•

Ainda com este olhar de abrigo, quando confortavelmente acomodados em cadeiras de ferro maciço (ou madeira maciça dependendo da ocasião), somos todos fiéis ao ombro para frente, a cabeça baixa, quase um corcunda e o velho escorregão das nádegas. Porém isso não é apenas um hábito, uma corriqueira forma de se acomodar ou uma maneira de encontrar a forma mais confortável para trabalhar. Isso tudo tem suas devidas explicações. Nada, nem o movimento dos teclados e dos dedos sobre ele escapam de uma explanação minuciosamente decifrada, nos mais profundos detalhes, com suas definições muito bem embasadas e seus argumentos claros e exemplificados.

Vamos a mais uma corriqueira situação, onde, adentrando a mais uma aventura (digo, projeto) desta vez em lugares mais longínquos. Fomos parar no nordeste brasileiro, terra quente, linda, praias fantásticas, lugar de verão, sol, suor, samba, mulata e ouriço. Enfim, quem em plena sã consciência levaria a um lugar destes, independente da época do ano, um casaco? Em uma mala para o nordeste brasileiro casaco é quase como levar um livro de física quântica a um motel. Jamais será usado. Porém, isso é um pensamento medíocre, pobre e de pouca visibilidade.

Nunca passei tanto frio na minha vida! A lógica é simples, lugar quente, ruas quentes, pessoas trabalhando, usando camisas (é preciso manter o nível), camisa e calça social (o consultor não pode perder a linha), meias e sapatos. Afinal não se pega onda na empresa e os trajes devem seguir a etiqueta e o padrão de seriedade. Por incrível que parece, a empresa pensa nisso e instala os mais potentes ares-condicionados. É claro que o consultor nunca, em hipótese alguma, jamais seria mencionado como um dos motivos para esta preocupação, mas como está na empresa, disfruta instantaneamente desse benefício, que o faz congelar muito mais do que os seres normais que convivem com ele. O motivo é (mais uma vez) simples, ninguém fica na empresa o tanto tempo quanto nós, recebendo de todas as direções aquela ventania ártica.

Essa é uma das explicações para o movimento baixo da cabeça, a flexibilidade de encolher o pescoço e diminuir o vento na nuca, evitando calafrios e arrepios.

Aquele casaco praguejado no momento de fazer as malas se faz necessário nestes momentos, assim como o próprio ar-condicionado após as 18. Sim, de fato após este horário, por motivos econômicos as empresas simplesmente desligam o equipamento. A empresa se esquece do consultor? Repondo essa com outra pergunta: Como se esquecer de alguém que jamais foi lembrado? E com isso mais uma explicação para os movimentos de ajeitamento na cadeira: o escorregar das nádegas são movimentos involuntários, pois o suor que surge no vão entre uma nádega e outra forma uma camada molhada que diminui a aderência na superfície da cadeira, em gíria automobilística chamamos de aquaplanagem.

Diante de tanto trabalho e tarefas a serem concluídas (em geral em pouquíssimo tempo) o consultor tem pouco, ou quase nenhum, tempo para si. Suas pesquisas pessoais e tarefas que para pessoas normais são de fácil acesso e com permissões concedidas, a ele chega a ser quase uma missão de mestre ninja, descobrindo senhas, observando ações de funcionários, buscando acesso nos mais longínquos "spots", decifrando regras, quebrando portas (virtuais, é claro), abrindo janelas (estas reais mesmo), achando pontos de acesso esquecidos. Enfim, além de todo este sacrifício ainda tem a necessidade de encontrar algo que para um consultor requisitado, experiente e formidável (como é o nosso caso) é quase impossível encontrar: TEMPO. Quando encontra, é o exato momento em que a habilidade dos dedos e a posição no teclado é explicada. A posição dos dedos levantados sobre o teclado, que geralmente inicia a tendinite, é o que dá a habilidade de mudar as telas (o famoso <ALT><TAB>)

quase na velocidade da luz, praticamente no mesmo instante do piscar de olhos do gerente do projeto.

Com isso, os movimentos de acomodação se tornam muito mais do que uma necessidade de aconchego ou de postura física durante o trabalho. São armas tecnológicas criadas para proteger e camuflar a integridade e a postura (no sentido de atitude) de um bem-sucedido profissional.

•

À primeira vista, aquele local lhe parecia bem diferente dos demais. Entradas largas, acomodações grandes e passeios arborizados, parecendo uma empresa de primeiro mundo. De fato, apenas as aparências eram de primeiro mundo. O projeto se classificava como quarto ou quinto submundo. Poucos consultores, muitas tarefas. Problemas de relacionamento e o pior, estava na metade do fim, próximo a entrada em produção (go-live em linguagem de projeto). Calor infernal de uma cidade nordestina, atividades atrasadas, poucos consultores, clima hostil (um dos consultores havia brigado com o gerente, chegando as vias de fato, sendo este quem seria substituído por mim), informações desencontradas, sem verba para horas extras e despesas, hotel o mais barato possível (aliás, este merece uma descrição mais detalhado adiante) e por fim as acomodações para os consultores do projeto as mais deploráveis possíveis. Afinal, para que dar conforto para quem só traz gastos? Como pensar em sucesso num ambiente tão desfavorável?

O sucesso é uma questão de ponto de vista. Para o consultor, sucesso é finalizar tudo sem erros (mensagens de aviso, ou warnings, é considerado sucesso) e conseguir chegar em casa vivo e com saúde

(saúde engloba caminhar, falar, escutar e responder com coerência). Fechar tudo, guardar o notebook e voltar para casa com a sensação de dever cumprido é uma satisfação alinhada com o sucesso pessoal. Mas apenas quando se chega em casa com o notebook desligado. Isso não acontece sempre. Muitas vezes muitos consultores já receberam ligações no aeroporto ou ao chegarem em casa pedindo o seu retorno. É o fracasso após o sucesso, é como matar um leão dentro de uma jaula cheio de felinos.

Voltando as acomodações, olhando para os colegas de trabalho, todos com blusas fechadas até o pescoço. Seria normal, se não estivessem no calor infernal do Nordeste. Qual o motivo para tal atitude? Por que utilizar blusas neste lugar de calor de fornalha e qual a necessidade de se cobrir até o pescoço? Em meio dia de trabalho uma das questões foi respondida. O frio glacial do ar-condicionado explicou a necessidade da blusa (já foi comentado isso neste capítulo). Mas outra questão ficou sem resposta, pelo menos até o final do dia. Mesmo depois de terem abruptamente desligado o ar-condicionado (questões financeiras, como também abordado neste capítulo) os pescoços ainda permaneciam cobertos. Como de costume, o bom consultor descobre por si próprio como sobreviver nos mais insalubres lugares. Mesmo porque sempre que perguntava o porquê, a resposta era "você vai ver". Consultor sênior tem como extinto de preservação da espécie seguir os costumes locais, mesmo que não faça sentido. Porém, nestas condições de temperatura e pressão, a prevenção jamais poderia ser prevista, mesmo com tanta experiência.

O ar-condicionado é desligado por volta das 18:00hs, como já mencionado aqui inclusive com o motivo.

Porém o calor avassalador toma conta do ressinto, o que obriga a abertura das janelas para tentar resgatar a brisa noturna. Tentativa inútil, claro, mas como aguentar dez pessoas em uma sala para três fechada e silenciosa, onde um consegue escutar o ronco da barriga alheia (e da própria). Bastou escurecer, horário de verão, por volta das 8:30, e o ataque começou. Insetos de todos os tipos, formatos, tamanhos, cheiros e gostos. Voando, andando, correndo, rastejando e os mais perigosos em saltos suicidas, que vinham de cima, do teto. O real motivo para cobrir o pescoço era o ataque armado de baratas que caiam do céu e buscavam abrigo exatamente nas golas não cobertas dos desavisados consultores.

Não eram grandes baratas, pequenas, usavam seus instintos para se protegerem dos predadores cruéis e viam, nos já sugados pescoços, a oportunidade de conseguir viver por mais algum tempo. Suicídio puro, viveriam melhor e mais tempo se caíssem na comida deles. Questão resolvida, com todas as respostas a postos, as surpresas ainda seguiriam adiante, após o final do dia de trabalho, para o tão merecido momento de descanso.

O Hotel dos peregrinos nem sempre servia para o bom e merecido descanso. As vezes as situações variavam de estranhas a constrangedoras, porém na maioria das vezes trazia um relato digno de um jantar bem-humorado. Sim, humorado naquele momento póstumo, pois em algumas vezes poderíamos chamar de trágico.

Saindo dali, após o feroz ataque dos insetos, cheguei para conhecer o "parque temático" onde iria descansar o esqueleto. A ironia no nome se dá aos diferentes climas que vão de ambientes glaciais, com direito a estalactites (não exatamente de gelo) a fornalhas tão quentes quanto uma fábrica de tijolos. Além das diversas formas de atração aleatórias relacionadas a pornografias auditivas a movimentações gerais do quatro como um todo. Todas estas atrações fazem a noite do consultor ser uma aventura para que seja desfrutada e compartilhada (em palavras, claro) com seus colegas no dia seguinte.

Nesta ocasião, ao chegar em minha acomodação, sempre me vem a canção "Coração Aberto" a mente, para poder encarar de forma natural qualquer situação. Abri a porta, com uma chave eletrônica que funcionou na primeira tentativa e apesar de um pouco longe da recepção, cerca de 800 metros, o quarto parecia saudável, limpo e silencioso, mesmo com a presença de uma porta que dava diretamente no quarto ao lado. Essa comodidade seria bem útil para uma família que compartilha os mesmos momentos e manias, mas não para um solitário trabalhador, que somente precisa de uma cama e um ambiente silencioso. Aliás, silêncio é algo até certo ponto tolerável quando não se faz parte dele. Ter silêncio em um hotel no Nordeste, onde a música dançante está presente desde o café da manhã, é um luxo para poucos. Neste ponto, até agradecei a Deus o fato de estar a 800 metros da recepção, o que poderia me trazer um certo conforto e uma possibilidade de ter paz e sossego.

Mas, mal terminei meu delicioso banho quente, saindo do chuveiro a uma temperatura ambiente de aproximadamente 43 graus Celsius, olhei para a parede e me deparei com um ar-condicionado que dava medo. A idade deste aparelho estava próxima a de meu pai e não havia botões aparentes para acionar o "instrumento". Procurei todas as formas possíveis de ligar, mas não encontrei nenhuma. Encontrei um controle remoto (num aparelho desta idade?) e deduzi que aquilo poderia de alguma forma acionar pelo menos um "ventinho". De fato, nenhum botão funcionou, mas não era o botão do controle que acionava o ar e sim um botão que se percebia em um buraco na frente do produto que cabia minha mão por inteira lá dentro. Com ajuda do controle pressionei o botão e o ar finalmente funcionou. Me pareceu que a parede havia se deslocado alguns centímetros. Um barulho ensurdecedor tomou conta do quarto. O aparelho parecia estar funcionando com pistões e a diesel. Com meu velho processo lógico de pensamento (utilizando minha tabela de decisões com "if's" e "elses") coloquei a mesa as possibilidades que tinha: dormir na fornalha ou treinar o controle de escuta, eliminando o ruído da fábrica de martelos. Decisão tomada, "vou desligar esta porcaria e dormir pelado". Afinal, a 800 metros da recepção o que mais poderia me incomodar?

Noite tranquila, escutei o som do silêncio a noite toda (junto com os zumbidos dos mosquitos). Mas o cansaço era tamanho que mosquito algum me incomodou. Nu, me olho no espelho e me vejo com mais pintas que um dálmata. Resultado das picadas dos vários insetos que via pelo chão, de tão gordos com o sangue sugado que não conseguiam levantar voo. Ter o sangue sugado para um consultor é algo corriqueiro, por isso nem me incomodou o ocorrido.

Um dos momentos mais desejados nestas aventuras profissionais é justamente o café da manhã colonial servido nos hotéis. Ah que delícia, uma quantidade enorme de pães, frios e derivados. No Nordeste então entra as tapiocas, mandiocas, e todas as ocas imaginárias. Logo de cara, apesar da manhã com uma brisa agradável, vê que apenas as mesas do interior do restaurante estão ocupadas, com poucos lugares livres. Para que se gladiar com as pessoas só por estar próximo da comida, uma mesa lá fora pode ser agradável, pois apesar de estar quente há sombras e a brisa do mar nordestino. Para evitar ter que levantar-me muitas vezes, é só encher a mão de pães e o que mais couber e deixar na mesa, guardando o território. Resolvido, uma mesa agradável do lado de fora era perfeita para mim. Entrei, fui ao cesto de pães, peguei todos os que consegui e voltei a mesa, não sem antes passar no balcão ao lado e pegar um pedaço de bolo de fubá. Deixei tudo sobre a mesa e voltei para pegar os frios. Queijos de todos os tipos, presunto, peito de peru, geleia de uva, manteiga, requeijão e um pouco de mel. Pronto, só fica faltando o leite e o café para um dejejum perfeito. Porém, como todos já presenciamos, o consultor sempre entende os motivos das atitudes das pessoas vivenciando os casos. Após ouvir algumas risadas de algumas pessoas, olhei para minha mesa, ainda de dentro do restaurante, onde havia deixado aquela quantidade enorme de pães, e contei cerca de dez pombos destroçando minha alimentação matinal com ataques ferozes. De fato, gladiar uma mesa dentro do restaurante não me parecia mais uma má ideia. Achei uma vazia e logo me sentei, fingindo estar chegando naquele momento, até esbocei um sorriso de quem debochava do infeliz que deixou os pães naquela mesa de fora. Deixei todos os frios e fui ao ataque dos pães. Quando cheguei a sexta, olhei para um dos pães que estava empilhado e avistei uma pequena (e já conhecida da noite passada) baratinha. Achei isso um absurdo e logo chamei o garçom apontando o inseto que caminhava tranquilamente sobre a broa. O garçom olhou, e com um "peteleco" tirou o bichinho de lá, continuando suas atividades. Indignado com a ação do garçom ainda perguntei: "Não vai tirar o pão de lá?" Como se tirar o pão fosse uma das melhores soluções para a ocasião e naquele momento, da forma em que foi tratada a situação, a retirada daquele pão já seria uma atitude sensata. Porém a resposta veio de forma calma e tranquila: "Não, o pessoal ainda tá comendo".

Capítulo 2
Nem tudo são "Fiores"

Projeto longe é o desespero de todo bom samaritano. Mesmo os mais seniores, saber que tem algo para fazer no mais longínquo dos clientes na segunda-feira acaba com o final de semana de qualquer um. Ter que perder o domingo a tarde fazendo malas, com roupa social, sapato social, calça social, cueca/calcinha social, é algo muito penoso. Sem falar que na manhã seguinte o horário de acordar será bem antes do habitual, horas e horas antes. Praticamente não se dorme, pois aquela sensação de que você está acordando tarde e perdendo a hora, o voo, o taxi, mesmo que seja em sonho, traumatiza qualquer metodista consultor. Quanto mais velho e experiente se fica, mais cedo se acorda, já dizia minha avó. O que se aplica certamente ao consultor. Para quem começa, a esperança de que projetos próximos de casa sejam mais frequentes, para que a vida seja algo próximo ao natural ou normal, se espedaça a cada ano que a experiência e a qualidade de seu trabalho melhoram. Saber que você sabe nem sempre é um adjetivo visto como algo frutífero, ou mesmo como algo que esteja a seu favor. Os mais experientes e conhecedores são os primeiros a darem a cara em clientes complicados, nervosos, descontentes e críticos. A frase "ele vai reverter a situação" jamais será dita para um jovem iniciante. Saibam que a tradução literal desta frase é "Ferrou tudo e ele vai ter que se virar para resolver a M... que fizeram".

Em virtude disso, um projeto longe não é só um projeto que leva horas para chegar. Chegar é o menor dos problemas. As vezes chegar é a parte mais divertida da exploração. Digo isso pois a chegada a um cliente, em alguns casos, é uma epopeia de emoções. Você pode encontrar amigos, conhecidos que não vê a anos e que mudaram de lado, ou estão no mesmo barco que o seu a caminho da deriva (ou do abismo) e ambientes tão hostis que chegam a ser divertidos à primeira vista. Por isso que chamo de chegada uma aventura a parte. Com os dias, aquilo se torna um verdadeiro purgatório, passagem extra para se queimar no inferno definitivo. Nada pode acalmar ou alterar o humor de um cliente insatisfeito. Se isso já acontece em lojas e no varejo, com clientes gastando algumas migalhas, imagine em proporções milionárias. E de fato é compreensível, afinal todos também somos clientes. E se fosse com você? Alguém lhe vendeu um produto prometendo que fosse fazer tudo aquilo que você mais deseja, com a promessa de que tudo vai melhorar e seus lucros tenderão ao infinito. Quando entregam, você gasta o dobro para que nada daquilo que foi prometido seja entregue, apenas que esteja funcionando de qualquer jeito e que vai lhe trazer prejuízos tendendo ao infinito.

Junte tudo isso e coloque uma pessoa que não te dá a mínima convicção de que vai resolver tudo, e pior, vai cobrar por estar ali tentando resolver um problema que "ele" mesmo gerou (na sua visão). Cá entre nós, você o receberia de braços abertos, com sorriso e dando a ele todo conforto possível?

Agora veja por outro lado, você não vendeu o produto, não prometeu nada, não ganhou nada nesta transação e vai ter que resolver um problema que nada tem a ver com suas funções (na visão dele) e ainda tem que sorrir e agradecer por deixarem você almoçar no refeitório da empresa de graça. Este é o consultor.

•

Saí as 4:30 da manhã de casa, o taxi já esperando na porta, com as malas prontas desde o dia anterior a tarde e uma disposição para chegar ao aeroporto absurda. Não preciso me preocupar em dormir agora, no avião tiro um cochilo. Trânsito a essa hora da manhã? Não é possível. Sim, é possível. O voo sai as seis, chegando as cinco tá bom. Sim, estaria bom se não houvesse um milhar de seres na mesma situação, chegando as cinco para fazer o check-in e enfrentar a longa fila para passar na revista da bagagem de mão. A bagagem de mão é um capítulo à parte. Um consultor que se prese jamais despacha a bagagem no check-in. Com isso ele ganha um valioso tempo tanto na chegada, quanto na partida. E para que ele consiga um lugar bom para guardar sua "pequena" bagagem de mão a bordo, ele precisa também entrar antes de todo mundo na aeronave, um dos motivos para meu desespero ao aguardar na fila de revista de bagagem.

Depois da aflição em ter que retirar os sapatos, o casaco e o notebook da mochila, passar pelo detector de metais e descobrir que o meu cinto tem uma fivela que faz disparar qualquer sensor, por mais desleixado que seja, ter que segurar as calças enquanto aguardava o cinto passar pela esteira, minha próxima tarefa foi descobrir qual o portão eu precisei me desesperar para encontrar e ser um dos primeiros da fila, para garantir meu lugar ao sol, digo, de minha bagagem, no compartimento acima da cabeça (ou o mais próximo que for possível).

Milhas e mais milhas acumuladas para que meu lugar na fila preferencial seja assegurado. Não vou entrar no mérito de atrasos, isso fica para outro livro. Enfim sentado, acomodado com a bagagem acima da cabeça (ou quase acima), cintos afivelados e um voo tranquilo ao meu destino. Bom, pelo menos até o meu primeiro destino, que definitivamente, não é o meu destino. De fato, não foi exatamente um voo tranquilo, sentado em um banco "do meio", com duas pessoas mais avantajadas, ocupando os dois apoios de braço, quase não consegui tomar o copo d'agua servido a bordo. O amendoim consegui guardar no bolso da camisa social para comer depois. Muitos ventos, dos dois lados, não me deixavam descansar e aquela soneca da qual já havia computado, ficou para outra ocasião. Voo turbulento e aeronave quase se despedaçando no ar, "é hoje que tudo isso acaba". Mas enfim, a chegada, suave como o galopar de elefantes.

Terra firme, ah, a bagagem já está nas minhas mãos. O deboche ao passar pelas pessoas que esperam ansiosas as suas nas esteiras me fez sentir o mais esperto dos passageiros. "Vou pegar o taxi antes de todos vocês." Mas que taxi? Uma Van me aguarda, para mais 100 quilômetros em um acento duro e desconfortável. Ah, mas agora a tão sonhada soneca virá. O bom de ser consultor que por mais adversa que seja a situação, a capacidade de adaptação deste ser é extraordinária. Porém, a sensibilidade toma a mesma proporção, principalmente quando há situações de risco a sua sobrevivência. Ao sentir o repuxar do veículo, como se o motorista estivesse colocando o carro de volta a pista, consegui notar que o condutor estava tão ou mais sonolento que eu. Isso me fez passar as quase duas horas de viagem alertando a todo o momento o cansado (e aparente bêbado) motorista. Lá se foi a soneca.

Finalmente as 10:30 da manhã, chego, quase morto (literalmente), suado e com a sensação de que o banho que havia tomado 6,5 horas antes já não tinha mais um efeito agradável. Preciso neste momento estar preparado para sorrir e acenar de forma agradável para que a primeira impressão seja a melhor possível para um cliente que já me espera a 1:30 horas e que espera que eu resolva tudo a um custo baixo. De fato, eu sorri, acenei e mostrei, como um experiente consultor, que minha melhor especialidade é se adaptar, transformando um sorriso amarelo (pela falta de escovar os dentes mesmo) em uma chegada triunfal. Ao entrar na sala, vi que não fui o primeiro e que não sou o único, em todos os sentidos. Inclusive no da soneca.

•

"Sua cabeça estava atirada para trás. Seus lábios entreabertos eram dois gomos rubros de uma fruta selvagem. Meus olhos derraparam na curva do seu pescoço, a caminho do sul. A blusa desabotoada até o umbigo deixava transparecer os seios como dois convites, e um já chegava. Por um instante louco, o fato de ela estar morta quase não foi suficiente para me conter." Ao finalizar a leitura deste trecho de Erico Verissimo, que magistralmente o libera aos escritores policiais este início inspirador, levanto os olhos, que passam pelo corpo escultural da jovem a minha frente, e percebo que precisava descer a duas estações. Levanto-me correndo, bato a cabeça no ferro a minha frente, finjo que não doeu para impressionar a jovem, arrumo o cabelo na tentativa de amenizar a dor violenta do impacto, derrubo o notebook e, pedindo desculpas, saio tropeçando em tudo pela frente, inclusive no vão entre o trem e a plataforma.

Mais uma chegada triunfal, depois de voltar duas estações, na estação "próxima" ao próximo projeto que me esperava. "Isso, vai de trem e metrô para economizar nos custos do projeto, fica bem próximo a estação da Consolação", disse o perdigueiro gerente do projeto. De fato, a estação mais próxima do local onde o projeto ia acontecer é a Consolação. Só faltou dizer que, apesar dos dois quilômetros de distância da estação, o prédio é antigo e o quinto andar só é acessível pelas escadas. Lugar tranquilo, quase no centro, próximo a tudo, digo tudo mesmo, até ao submundo das mercadorias ilícitas e aos restaurantes mais "bem frequentados" da cidade (os famosos "colas braço").

Mas é só mais um projeto, não será muito longo e o local será usado até conseguirem um lugar melhor para acomodar os consultores. Uma sala com sete cadeiras e uma mesa balcão para vinte e três consultores mais cinco usuários chave não é tão ruim assim. "A sala será só de vocês", mais uma do gerente. "Podem até trazer uma cafeteira de casa e cada dia um trás a garrafa de água. Mas cada um com sua caneca, afinal precisamos pensar o meio ambiente".

Os dez meses de projeto passam e a sala continua a mesma, porém com outra mesa balcão e mais quinze cadeiras. O filtro de linha se prolifera em vinte e cinto tomadas ligadas em duas tomadas de rede. Ah sim, a rede ligada a um roteador Wi-Fi, trazido por um dos consultores que o achou no fundo da gaveta de casa, resolveu parcialmente o problema de conexão. O rodízio de acesso a rede resolve mais um problema.

Chega o gerente com o velho discurso de entrada em produção:

- Tivemos um esforço enorme, soubemos resolver todos os problemas, conseguimos direcionar e organizar nossos trabalhos e apesar da dificuldade que tivemos, vamos entrar em produção com sucesso. Graças a meu controle e a participação de todos, estive lado a lado de vocês e conheço cada um profundamente e a capacidade de conseguirem se superar...

O consultor técnico interrompe para perguntar uma questão "técnica":

- Mas e quanto ao lançamento das horas extras de sexta a noite até domingo de madrugada, poderemos lançar?

– Veja bem, hmmm Edilson, Edmilson, Edson, desculpa esqueci seu nome...

- Claudio.

- Isso, Claudio, estamos no final do projeto, tivemos muitos gastos e sabe como isso acontece, já foram usadas todas as horas em tarefas que não haviam sido previstas e bla bla bla bla...

•

Chega o período mais crítico do projeto para o profissional mais adaptável na cadeia alimentar de TI. A fase final, seja ela qual for, seja o produto que for, seja o cliente que for, seja o gerente de projeto que for, é de longe a fase mais crítica e mais estressante do ciclo de vida, tanto do consultor quanto do projeto. Os nervos se afloram, as discussões se acalentam e a foice no escuro se multiplica. Evidentemente todas as armas são miradas aos que mudaram tudo na empresa, fizeram uma bagunça no ambiente, tiraram as áreas de conforto dos usuários e colocaram todos a prova expondo os pontos fracos e apontando as áreas mais custosas da empresa. "Isso vai ser bom para nós?" Tudo isso depende de quem responde.

A princípio o resultado é satisfatório para quase a maioria das pessoas envolvidas. Quanto as não envolvidas... bom, tudo tem sua desvantagem. Pelo lado mais fraco, digo, do consultor, o final é apenas mais um, sem muitas novidades (salvo problemas mais críticos ou quando o final não é o fim). O clima começa a esquentar quando um primeiro programa, processo ou atividade começa a ser executado. Isso define tudo dali para a frente. O quanto o consultor vai apanhar, o quanto o consultor vai ser xingado e o quanto o consultor vai dormir nos próximos dias e noites.

Em certo momento uma única página impressa de forma errada, com logotipo de outra empresa ou até com o número da página invertida já é motivo para sete reuniões consecutivas para entender o problema e sanar antes que o cliente descubra. A busca pelo culpado é desnecessária, a culpa é sempre do consultor. Em certo momento a culpa acaba por explodir em uma dose abusiva de ofensas e acusações que vão de filhotes malcriados a profissionais sem escrúpulos e plagiadores de telas.

As ofensas nem sempre acabam em vias de fato, mas costumam causar sequelas em sequencias de projetos e projetos subsequentes. O mal-estar fica no ar e o gerente de agora pode ser o chefe de amanhã. Em todos os projetos de mesma ferramenta e de aplicações semelhantes costumam seguir a mesma metodologia e ter as mesmas necessidades. Com isso geralmente as peças são as mesmas. De fato, se as fezes são as mesmas as moscas também. O final trágico de um projeto geralmente finaliza com o trágico final de um consultor.

A interligação entre as informações espalhadas aos projetos prejudica profundamente a captação e a facilidade do consultor em participar e se manter "alocado". Se o gerente for o mesmo então, a possibilidade cai a quase zero. Uma simples palavra como "hmmm" já é o suficiente para deixar o consultor excluído nas próximas vinte e três semanas do mercado.

O melhor é assimilar os insultos e entender que a culpa é sua mesmo, sempre. Se adaptar ao xingamento e se o caso for muito explícito, adotá-lo como apelido, desde que não seja ofensivo, aos outros, claro. Muitos acabam sendo algo animador e até ajudam na lembrança para um próximo projeto. "Você lembra do Super Del? Gente boa, não me lembro do nome dele, mas lembro que deu um apagão geral no final do projeto". OK, sem estas explicações, até que a lembrança é bem-vinda, se o projeto for para diminuir a quantidade de dados gravados, por exemplo.

Numa situação de final de projeto precisamos de toda ajuda possível e as lembranças de outros carnavais (no sentido de "todo mundo correndo pelado") traz mais benefícios que retornos negativos. "Fulano já passou por isso, sabe como lidar". E a tensão é minimizada com chegada de rostos conhecidos e suas peripécias do passado.

Quase finalizando o projeto, faltando pouco para acabar, algumas atividades extras (que não estavam previstas) mais as atividades cruciais, e a lembrança de que os testes não funcionaram direito, me trouxe à tona toda a experiência de conhecer pessoas que me ajudaram a entender como se deve comportar-se as melindras que veem com a entrada em produção.

Eu olhava para a lista de tarefas sendo executadas e nenhuma finalizando com luz verde. O amarelo era o mais próximo do verde que conseguia enxergar, mas ainda estava esperançoso com a possibilidade de voltar para casa ainda naquele dia. Bastasse um vermelho para que esta minha esperança fosse por água abaixo. E estava ele lá, forte e flamejante, piscando como um sinalizador em alto mar, anunciando a chegada de uma bomba de 20 Megatons.

"Mas o que poderia ter dado errado" interroguei-me analisando todas as possibilidades possíveis e refazendo mentalmente todos os passos que eu precisava seguir dentro das minhas atribuições. A tarefa era simples: Sequenciar todos os pacotes de alteração e criação de programas, processos e atividades realizadas no projeto; ordenar por data de criação do pacote; separar as atividades técnicas das funcionais; colocar todos em um único pacote e transferir tudo para o ambiente produtivo. Ou seja, processo simples, sem dificuldades e sem a possibilidade de dar erros, pois não alteraria nenhum processo, programa ou qualquer outra coisa que pudesse provocar um sinal vermelho na atividade. Tudo havia sido testado e nenhum erro havia sido reportado.

Voltei ao tempo (mentalmente) e tentei lembrar o que tinha em cada pacote. Eram apenas 15 pacotes e todos eles estavam numerados e nomeados com os líderes de cada frente do projeto (lê-se frente a equipe responsável pela definição, criação, testes e execução de uma determinada funcionalidade ou processo, exemplo, frente de vendas é a equipe responsável pelas mudanças, criação, desenvolvimento, testes e execução de tudo relacionado a vendas em uma empresa, dentro de um projeto).

Quando recontei os pacotes, notei uma diferença. Havia 16 e não 15 como estavam previstos. Reli e recontei para me certificar esta informação. Verifiquei todos os e-mails enviados a mim, sobre o assunto, e todos diziam 15 e não 16.

Tentei encontrar entre os pacotes o impostor e provável membro da máfia esquizofrênica causadora erros aleatórios que culminam o descanso dos leais seguidores de normas e regras. Eis que me deparo com um texto, fora do padrão e com as iniciais S.D. das quais não consegui associar a nenhuma pessoa que conhecia dentro do projeto. Busquei em todos os e-mails, inclusive de datas em que nem havia começado o projeto e estava outro cliente. Não consegui encontrar nada associativo e muito menos relevante que me desse alguma pista de quem seria este plasma flutuante. "Epa, plasma flutuante?" Isso me trouxe uma lembrança de um amigo que assinava seu e-mail como Sangue Bom e não utilizava seu próprio nome para compor sua assinatura, porém todos sabiam quem era.

Extrapolei todas as possibilidades imaginando qual poderia ser o significado destas iniciais. Neste momento recebo uma ligação, de um tal Pedro, que se apresentou com o seu nome (do qual vou identificá-lo como Pedro, mesmo não sendo seu nome real) e me perguntou: "E aí, todos os pacotes já foram enviados? Aconteceu algum erro?" Respondi com uma pergunta, "me desculpa, você é quem mesmo?" e ele me responde, "Sou eu, o Pedro, mais conhecido como **Super Del**".

•

Mais uma chamada inesperada, uma daquelas que não se sabe se você foi lembrado pela sua capacidade de resolver problemas indecifráveis, ou pela sua incapacidade de dizer "Não". A chamada é sempre em horários em que não há possibilidade ou tempo suficiente para pensar numa resposta satisfatória para se livrar da inconveniente chegada no cliente como o Salvador da Pátria.

- Alô

- Oi cara, como vai? Estou te atrapalhando?

- Domingo as 19:30hs? Jamais.

- Então, você tem algum projeto para iniciar amanhã? Ou algum compromisso inadiável nesta semana?

- Bom, eu preciso...

- Ah! Que bom. Então, amanhã pela manhã vamos iniciar uma verificação de um problema simples, que com certeza você vai matar com tranquilidade, você que é o mestre do assunto, conhece tudo. Vai matar isso rapidinho.

- Mas é que eu tenho um compromisso amanhã a tarde e eu queria...

- Não tem problema, faz assim, me ajuda que eu te ajudo, dependendo do horário eu falo para eles mudarem o horário do seu voo?

- Voo? Mas onde fica o cliente.

- É perto, dá para ir com voo direto, você pega o primeiro voo, amanhã bem cedinho. Acho que o primeiro voo sai as 5:40.

- Mas e o meu compromisso?

- Compromisso? Ah sim, muda ele, é coisa rápida. Você vai amanhã voltar na quinta, pega o voo das 23:30, na sexta já está em casa.

- Mas onde fica?

- Paraná

- Ah, legal, que cidade, Curitiba?

- Não, Paraná mesmo, em Tocantins.

•

Projeto próximo é sinônimo de volta para casa. A proximidade entre o cliente e sua cama é uma distância comparada a de Marte a Terra. Muitas vezes o fato de estar na mesma cidade onde se vive não significa viver na mesma cidade onde se trabalha. Este fato pode ser utilizado (e será) muitas vezes contra você.

23:45hs, Avenida Paulista, 16º andar de um prédio de 23 andares, face norte, sem vista, salas fechadas, sem janelas (a mais próxima fica na sala do superintendente), mesas e cadeiras em abundância, apenas o som do ar-condicionado rolando ao fundo, um toque assusta e interrompe uma concentração profunda de horas. É uma mensagem da minha esposa dizendo que depois de 5 cochiladas não aguenta mais esperar. Mesmo porque o caminho de volta leva no mínimo 1 hora, entre metrô, trem e condução própria (carro, bicicleta, moto, patinete) até em casa. Nada pode parar sua concentração, pois disso depende todo o trabalho de todos, trabalho de meses.

Em situações lúdicas, onde a demonstração é a chave do entendimento, podemos dizer que o padeiro que mora mais próximo a padaria acende a fornalha e apaga as luzes. Chegar tarde em um projeto significa criar uma desconfiança quanto a sua personalidade e sua eficiência em finalizar suas tarefas no período diurno, durante as 8 horas trabalhadas.

Mas nem sempre é falta de competência, de fato as vezes são as necessidades puras e as regras de execução do seu trabalho. Você chega a ser o principal responsável por trazer ao ambiente produtivo todo o trabalho feito por meses (as vezes ano, ou anos), e uma falha sua o leva o mais rápido possível a beira da calçada, com a possibilidade de não conseguir mais nada em lugar nenhum. Seria a maneira mais fácil de ficar famoso, de forma negativa, evidentemente.

Por muito tempo, o trabalho fora do horário normal era conhecido por turnos, onde pessoas eram contratadas para fazer o trabalho em horários variados e diferenciados. Porém existia um adicional para quem se sujeitava a ter esta atividade, nem sempre saudável. Não há esta informação no momento da contratação de um consultor, apenas o aviso que em casos especiais seja necessário "estender" um pouco o horário. Ao ouvir isso leve como verdade que os casos especiais serão todos os dias de sua vida. Os excepcionais são os dias em que sairás junto com todos os trabalhadores normais.

Capítulo 3
"Clientes são clientes e vice-versa"

Chegada na empresa é sempre uma incógnita. A novidade de ser mais um consultor em um ambiente menos hostil que o do cliente é mais satisfatório. Você é novo na empresa e não importa qual o seu conhecimento, seu nível de proficiência no assunto ou até mesmo sua idade. Todos te olham como novato, até sua primeira empreitada e sua experiência em um cliente. Como de costume, a primeira impressão é a que fica e fazer um bom trabalho no primeiro cliente que for assignado é fundamental para seu desenvolvimento na consultoria, nem que seja uma impressão gerada por você mesmo (que em alguns casos são muito diferentes das impressões externas). Se o cliente gostar do seu trabalho, você ganhará um aliado para os momentos em que estiver sem alocação. Será sempre lembrado para os momentos bons e ruins. Se for necessário alguém para o trabalho (seja ele sujo ou limpo) seu nome será lembrado imediatamente. Mas não se empolgue muito, pois esta lembrança tem data de validade. Mesmo deixando seu cartão de visitas ele estará desgastado e quando lembrarem de procurar por ele, seu número de telefone já não será o mesmo do cartão. Outro motivo para sua total deleção da memória (tanto física quanto virtual) é a presença de outro consultor no mesmo cliente. Caso não faça alguma besteira, ele herdará seu trono como contato direto (claro, seguindo o ciclo de vida agora descrito).

Seu primeiro cliente pode ser uma referência para os próximos. Porém nem sempre a alocação, ou a finalidade de trabalho, é a sua especialidade. Digo especialidade real, aquela da qual você se preparou a vida toda e estudou para passar na prova de certificação. Você se torna especialista naquilo que te venderam (no sentido de venderam você, consultor) no exato momento que chegou no cliente. Apenas um exemplo para melhor entendimento. Você estudou na faculdade técnica durante 4 anos para se tornar um arquiteto de sistemas, especializado em programação na linguagem X Plus com pós-graduação em programação avançada nesta linguagem e especialização em definição de programas. Enfim, você é um programador máster na linguagem X Plus. Você foi vendido pela consultoria ao cliente como arquiteto especialista em programação. Ao chegar ao cliente, você nota que ele não usa a linguagem X Plus, e sim a Y Plus ++. Em outras palavras, você entrou numa fria. Mas o cliente não pode perceber, em hipótese alguma, que você nunca ouviu falar na linguagem Y Plus ++, pois você é o maior conhecedor desta linguagem na América Latina e tem capacidade de fazer a arquitetura de toda a programação necessária para um projeto de 3 meses além de entender de toda a necessidade do cliente neste mesmo período.

Ficou confuso com esta explicação? A ideia é esta mesmo. A confusão segue como uma das armas para mostrar que você terá capacidade em cumprir a sua missão no cliente. Você pode não ser especialista na atividade, mas precisa ser especialista em saber esconder isso. Não estou dizendo aqui que você deve ser irresponsável e assumir algo que possa afetar a empresa ou causar prejuízos a quem quer que seja. Mas as respostas devem ser convincentes e sua rede de acesso aos amigos que já ouviram falar desta atividade deve estar atualizada. Além do seu esforço e dedicação para estudar todos os documentos encontrados no Google sobre o assunto. A sua atualização deve ser praticamente instantânea. Um consultor nunca fica muito tempo sem se atualizar em novas tecnologias, que mudam com a velocidade da luz e para o consultor muda conforme o cliente e sua necessidade. Em alguns casos você será o Google do cliente, onde a sua informação pode até ser mais bem interpretada e os questionamentos serão mais específicos as áreas onde o cliente atua. É importante estar sempre a frente dele, antes da pergunta. É por este motivo (e outros, claro) que as consultorias hoje investem no conhecimento dinâmico de novas tecnologias e o acesso as inovações de mercado. Mas, entretanto, a sua habilidade em se esquivar e sair pela tangente nas perguntas mais inovadoras que as próprias inovações de tecnologia não seja necessária, muito pelo contrário, isso deve estar na sua essência e correr pela sua veia.

•

Ao chegar no cliente, logo fui apresentado ao gerente do departamento. "Estávamos ansiosos por sua chegada", ressaltou o cidadão. A ansiedade vinha dos dois lados, mas com propósitos distintos. A atividade nem sempre é algo complexo, porém, com a dependência de suas habilidades e sua rede de conhecimento (alheio), a complexidade é proporcional a ansiedade do cliente. Quanto mais ansioso, mais complexo e morosa é a tarefa.

A descrição da atividade é aparentemente simples. "Precisamos que você faça funcionar o produto que instalamos aqui, e hoje está com uma nova versão, coisa simples, basta atualizar a versão e configurar o produto para funcionar normalmente". Básico para qualquer consultor. Simplicidade pode ser uma palavra perigosíssima. Está ligada a facilidade e rapidez. Porém nem sempre quem descreve a atividade como simples conhece o produto e a própria atividade. Isso vindo de um gerente se eleva a qualidade de potencial catástrofe. Para que o gerente chegue à conclusão de que a tarefa é simples alguém já o convenceu disso, convence-lo ao contrário é basicamente um novo projeto.

Tarefa definida, atividade descrita, material disponibilizado e acessos atribuídos basta sentar as nádegas na cadeira (outro item que deve ser levado em consideração como uma regalia) e executar a tarefa simples. "Que bom, foram atribuídos 5 dias para a atividade, faço em 1 dia e enrolo os outros 4, quem sabe até faço um remoto de casa", penso ingenuamente.

Atividade disposta, produto instalado e a tarefa é iniciada. Google a postos e busca com o nome do produto mais a palavra "atualização" já trazem na tela diversos documentos explicando passo a passo todas as etapas para fazer o trabalho. Primeiro documento encontrado, arquivo PDF com uma explicação fácil e poucas páginas para ler, incluindo uma lista de erros já conhecidos e suas soluções. "Perfeito, é só começar e rezar para tudo dar certo" pesei eu, ainda ingênuo.

Primeira etapa, de cinco, executada com sucesso. "Ah maravilha, vai acabar antes do previsto". Segunda etapa, erro número 512. "Ah, erro conhecido, fácil de resolver". Erro resolvido, "vamos para a próxima etapa", quase sorrindo. Terceira etapa finalizada. "Minha nossa, vou resolver em minutos, nem acredito". E não deveria mesmo, pois quando tudo dá certo algo está errado. Isso é regra geral para quem trabalha com sistemas. Quarta etapa finalizada com sucesso. "Uhuuu é hoje que chego em casa antes do sol se por", mais um pensamento ingênuo meu. Quinta etapa finalizada com sucesso. "Yes! Yes! Yes! Eu sou o cara". Depois de finalizada todas as etapas com sucesso da atualização, orgulhoso de mim, me apresento ao gerente do departamento e anúncio, como um jovem leão que ganhou a batalha para tomar conta da alcateia. "Atualização finalizada, querem fazer um teste?" Questiono o ainda sorridente gerente. "Mas já?" Questiona o gerente. "Sim, até que foi rápido desta vez" retruco, como se aquela não tivesse sido a primeira vez de minha curta vida. "OK, vamos iniciar os testes, apenas uma pergunta, você configurou o produto?" Questionou o incrédulo gerente. "Como assim configurar? Vocês já não utilizavam o produto antes, já configurado? "retruquei quase aos prantos. "Ah não, nós instalamos isso a 5 anos e nunca configuramos, usamos ou executamos. Precisávamos de alguém com um bom conhecimento para que fosse atualizado, configurado e que nos desse um KT ". KT - Knowledge Transfer, ou transferência de conhecimento, em geral feita com apresentações, explicações e exemplos de execução de algum produto, processo ou tarefa.

Após 5 minutos tentando assimilar a informação e tentando descobrir qual seria minha resposta sem permitir que notasse meu desespero, voltei a minha cadeira, que naquele momento se tornou mortal, e reiniciei a busca, agora com a palavra "configuração" junto ao produto. Uma lista de 150 sites é mostrada com diversos documentos, sendo o menor com 347 páginas, onde o título prega "Manual de configuração rápida". Na primeira leitura havia a intensão de buscar os passos, com a esperança de que o restante das páginas fossem apenas material publicitário e o histórico evolutivo do produto. Logo na primeira página a frase "conhecimentos prévio das versões anteriores e de todos os produtos do fabricante são essenciais para a configuração correta do produto" me fez pensar que já deveria enviar mensagens para meus amigos cancelando o churrasco previsto para ao próximo domingo.

Um bom consultor não precisa conhecer tudo, basta conhecer quem conhece. Sabendo desta máxima, enviei e-mails e mensagens para todos os conhecidos da empresa e fora dela, solicitando uma ajuda urgente e oferecendo um lugar no quase cancelado churrasco no final de semana. Com o tempo passando e os olhares desconfiados do gerente, a serenidade de minha face não poderia jamais deixar de ser clara. Seguindo minha mais profunda consciência, me comportava como conhecedor profundo do produto, bolando uma resposta suficiente clara e convincente para não deixar que meu orgulho caísse ao mais baixo nível.

"Estive analisando e percebi que a dificuldade em configurar esta nova versão vai me consumir mais tempo do que havia previsto, segundo informações que coletei com colegas e de notas liberadas pelo fabricante" exclamo já com o semblante meio distorcido, mas ainda mantendo a postura e a aparência. Mesmo não tendo lido nenhuma nota e nem recebido nenhum e-mail de volta, indaguei para poder ganhar um pouco mais de tempo. Táticas neste sentido podem ajudar, mas nem sempre são eficientes, pois gerentes controlam muito bem seus recursos, tanto financeiro quanto humano, mas o financeiro sempre ganha destaque no subconsciente dos controladores. A resposta é quase automática e direta. "OK, temos cinco dias contratados, hoje é segunda-feira e iremos precisar usar o produto apenas na próxima segunda-feira. Converse com seu gerente." Na minha mente, a picanha do churrasco do final de semana se desfaz como areia ao vento.

Após perceber que a consultoria com seu gerenciamento de recursos humanos, eliminou os "humanos" de sua proposta, as 21:30hs de quinta-feira recebo um e-mail de uma das pessoas que havia enviado pedindo ajuda. A resposta é satisfatória e direta e seguida de um manual prático que ensina como fazer o processo passo a passo, já feito pelo consultor "Sangue Bom" em outro cliente. Na sexta-feira, 18:30hs, finalizo todas as tarefas e deixo claro minha qualidade "demorei muito pois queria fazer algo bem-feito, e deixei para que testassem na próxima semana, caso tenham algum problema peço que entrem em contato com o gerenciamento de recursos humanos da consultoria para uma nova alocação." Trabalho concluído e saída triunfal, com a falsa sensação de que foi feito tudo perfeitamente correto.

Segunda-feira, 10:30hs, celular toca. O gerente falando que logo no primeiro teste vários erros já estão pipocando. Precisa que volte para resolver o problema urgente. "Desculpe, mas tínhamos apenas 5 dias contratados, converse com meu gerente. "retruquei satisfeito.

•

Os lugares de descanso são os mais apreciados em um dia de trabalho árduo e com pequenas doses de pressão. Trabalho árduo são como processos naturais em uma vida profissional, para quem trabalha, seja qual for o ramo, sabe como isso funciona. A pressão está dentro do previsto em casos que vão da simples necessidade em entregar algo (um serviço, um produto ou até mesmo uma resposta) sem data prevista ou com data suficiente larga para caprichar nos detalhes, a um desespero completo e absoluto para entrega geralmente para ontem. Tudo se caracteriza como pressão, o tempo, o horário, a data e até mesmo o capricho.

Para o consultor, o tempo nem sempre é relativo e em certas circunstâncias desafia as leis da física principalmente no que diz respeito a espaço e tempo. A relatividade é constante quando o espaço entre duas tarefas deve ter o tempo negativo entre elas ou no máximo tendendo a zero, levando a equação espaço sobre tempo a um produto positivo, mesmo tendo os fatores opostos. Apesar de não ter sido claro na explicação (nem mesmo eu entendi), podemos aclarar exemplificando com casos reais.

Quando há necessidade de ir até o cliente e ele fica em outro estado, sempre existe a necessidade de locomoção e uma verba para que a tal possa se concretizar. Quando a verba é escassa, ou seja, de forma mais clara, vendem o projeto a um custo menor para que o cliente aceite a proposta, alguns cortes são necessários para que estes custos caibam dentro do valor pago (ou a ser pago) pelo cliente. Os cortes geralmente são feitos nos lugares onde se doe menos, ou seja, no nível mais baixo da hierarquia do projeto, que nada mais é que o executor, ou o consultor no nosso caso. É claro que existe a possibilidade de haver algum retorno negativo ou uma reclamação vinda deste poço de ruínas, mas como geralmente o consultor não é consultado, sua entrada no projeto já encarga com todas as restrições discutidas durante a proposta. Simplificando, o consultor é chamado apenas quando o projeto está para iniciar e tem que aceitar tudo que lhe é imposto.

Com esta premissa, entrei em um projeto que deveria ser iniciado uma semana antes, mas que não foi estendido uma semana depois. Minha tarefa era apenas analisar todo o desenvolvimento feito por outros consultores e propor melhores práticas, a fim de melhorar o rendimento e o tempo de execução dos programas. Para executar tal proeza, tinha 3 semanas, sendo que uma já havia sido perdida sem ao menos eu ter conhecimento de que ela existia (temos aí o delta T negativo).

A localização do cliente era proporcional a uma viagem entre cidades, pois o local onde se encontrava o hotel ficava de fato em outra cidade, em conjunto com o trânsito no percurso, tínhamos um espaço longo, apesar ser curto em distância. Como os recursos monetários eram curtos, a utilização de transportes mais confortáveis estava banida e a possibilidade de utilizar transportes mais convenientes, como ônibus, taxi, aplicativos, carroças, tuk tuk, etc. era impraticável pela falta de conhecimento local. Utilizamos carona dos nativos e tínhamos um local para descanso improdutivo pois o espaço dos dois quartos disponibilizados para os quatro consultores mal cabia as camas (temos aqui o delta S).

Resumindo, tínhamos 2 semanas menos 1 semana (Delta T) e um minúsculo espaço (Delta S) para conseguir produzir um produto positivo, utilizando valores tendendo a zero.

O que trago de lembrança deste projeto são as amizades inusitadas com seres cascudos e inconvenientes (não estou falando dos consultores e sim de baratas mesmos). Sempre no final do dia, ao chegar ao quarto, havia algumas em minha cama, só em minha cama e nunca na cama de meu companheiro de quarto. Cheguei a desconfiar que eram da mesma família, pois as características eram bem parecidas.

Quanto ao produto, foi entregue com valores positivos, apesar das amizades incomuns e dos fatores negativos.

Capítulo 4

No tempo em que o Mar Morto ainda estava doente

Mandar uma mensagem para um colega ou até mesmo enviar um e-mail e aguardar sua resposta era uma tarefa, digamos, de alto nível de complexidade. Neste tempo as conexões eram muito menos conexas e o ser humano se gabava em dizer que ia para um lugar tranquilo, onde nada podia perturbá-lo. Mesmo nestas condições, o pobre consultor já tinha seu sinal individual de Wi-Fi embutido nas suas entranhas. Era encontrado de formas pitorescas e as vezes desumanas. Os telefones fixos, de linhas discadas (com discos mesmo) os seguiam em qualquer canto do planeta. Mesmo onde não havia luz, chegava as mensagens dos malditos *pagers*, aparelhinhos pretos com visores sem brilho de duas ou máximo três linhas, imperceptíveis a quem não o portava na cintura.

Com esta baixa tecnologia, imagine encontrar informação sobre um erro de uma ferramenta que quase ninguém conhece e que nunca ninguém teve o mesmo problema que o seu, ou pelo menos nunca reportou. Não havia logs, blogs ou salas de discussão. Estes tipos de salas eram salas mesmo, físicas com pessoas de carne e osso conversando, discutindo, colocando suas ideias no papel, na lousa ou no clip-chart, com a intensão de convencer os seres humanos da sala de que suas ideias eram melhores ou mais verdadeiras que as dos outros.

De fato, isso era um transtorno, a discussão, a busca, os conselhos, as lutas para se impor e até as listas de erros, gerados pelos consultores de vasta experiência e que tinham como buscador eletrônico, no máximo, uma agenda numerada e indexada por um rasgo na página ou uma orelha no topo do papel.

Quando se tinha pessoas deste nível no projeto, consultores de vasta experiência e com conhecimento fora da capacidade humana, os projetos eram mais ricos (entenda como menos complicados). As listas de correção de erros conhecidos eram multiplicadas em cópias, geralmente feita pelo gerente ou muitas vezes exposta na parede como um índice bíblico das soluções de problemas. Manuais de toneladas de páginas eram empilhados nas estantes e consultados quase que diariamente. A não ser os manuais raros, com informações restritas de pessoas que já passaram por implementações em outros países e que geraram um guia prático para os próximos projetos. Esses sim eram relíquias que permitiam que os mais espertos se destacassem nos projetos e se vendiam facilmente aos projetos futuros, pois tinham em mãos algo que poucos tinham acesso, informação restrita à sua tecnologia.

Mas mesmo os mais afortunados, com acesso a vários manuais e cópias dos manuscritos mais raros que as cartas de Maomé a Jesus, tinham facilidade neste mundo de descobertas recentes, mudanças constantes e restrição as informações. O mundo mudava a passos largos, nem tão largos como hoje, mas a sede da constante descoberta de novos códigos e da criação de programas mais potentes, nos deixava a aflição de que estávamos perdendo algo a cada minuto.

Hoje temos que resolver problemas que antes não tínhamos e esquecer os problemas que tínhamos no passado porque o equacionamento de uma situação não nos traz mais a resposta, matematicamente falando. Mas sabemos que sem problemas não temos no que pensar e a cada dia precisamos criar mais, para que possamos garantir o futuro do consultor.

•

O mundo se tornou pequeno e agora todos os lugares são perfeitamente acessíveis, com exceção das profundezas do Oceano Pacífico, mais precisamente na Trincheira Mariana onde os consultores ainda não conseguiram chegar por conta própria. Esta diminuição global fez o passo do consultor ficar mais largo e o acesso a clientes antes nunca acessado, por estarem em cidades mais distantes, estados mais afastados e mesmo países fora da zona de atendimento. Fazer uma ligação interestadual era algo fora dos limites do budget do projeto e se fosse para outro país então, nem o cliente aceitava a ligação a cobrar. O Fax chegou para ajudar um pouco, a ligação era feita assim mesmo, mas durava o tempo suficiente para chegar o papel do outro lado, nada que não se podia pagar. Daí chegou à internet e tudo aquilo que você tinha como conceito de comunicação mudou radicalmente a ponto de esquecerem todos os outros meios antigos, e o celular, que fazia tremer os dentes quando alguém te ligava e você estava no exterior, se tornou o meio mais utilizado para conversas (digo de todos os meios, escritos, gravados, "zapados", "skypeados" e até falados) no universo, pelo menos no que conhecemos.

Essa revolução abriu o leque de oportunidades para a consultoria inventar um novo consultor, o remoto. Esse novo ser não existe em aparência, pode ter qualquer uma ou até nenhuma se assim for à vontade dele. A sua voz se tornou aquela entrada triunfante descrita no início deste livro e é tão importante quanto suas vestes, mesmo ele vestindo camiseta de eleição e cuecas ou calcinha e roupão de banho. Se sua voz agradar e tiver firmeza na orientação e na definição de seu perfil, os ouvintes terão mais confiança e o aceitarão como um orientador e até mesmo um membro da equipe. Mas, é claro, sempre lembre-se que ainda é um consultor, nada mudou em relação a isso e nem mesmo o fato de conseguir gerenciar um time a distância (sendo que o time pode ser você mesmo se auto gerenciando) o torna um ser diferenciado, é apenas mais um consultor que, por motivos de custos (viagem, hotel, comida, banheiro) está usando os recursos próprios para sobrevivência, mas a sua atribuição e seu passado inglório ainda o acompanham de forma inclusa na sua voz, mesmo que seja mudada por computador, pois uma pequena percepção na entonação durante uma apresentação ou uma simples reunião, o torna, de novo, o velho e conhecido consultor de mercado.

Já houve casos em que o consultor interlocutor remoto, nos momentos de aparições e explanações, alterou o visual e até mesmo a voz para se parecerem mais velhos, experientes e até mesmo outras pessoas. Nada disso funcionou, evidentemente. O carimbo destas pessoas os acompanha na alma e são mais resistentes que as tatuagens. O bendito Skype te deixa quase dentro do escritório e te faz mesmo um membro integrante da equipe, com direitos, deveres e horários a serem cumpridos.

Nos países latinos, a possibilidade de integração é maior do que os outros países e os projetos são mais frequentes, pois a aceitação de um latino por outro é mais natural. Tanto nós daqui quanto eles de lá tem a mesma possibilidade de abertura de leque. Somos um país grande, mas se juntarmos todos os países, grandes e pequenos, teremos um crescimento enorme na competição pelas carnes frescas que são os clientes. A língua mais falada hoje na América Latina é o Portunhol. Lançar no ar uma "Cueca-Cuela" é aceitável em quase todos os países que falam espanhol como língua nativa, inclusive países que detestam que se falem algo parecido com o castelhano. Mas detenha-se no âmbito do trabalho, digo, dentro do escritório, pois a aceitação geralmente não ultrapassa a barreira das paredes e os "colegas" de trabalho.

O pior de tudo neste cenário é o horário de trabalho, pois em alguns países a diferença, dependendo da época do ano, pode chegar a 4 horas e para o consultor, que é o nível mais baixo da cadeia alimentar, acorda no mesmo horário que está acostumado todos os dias e começa a trabalhar as 8 horas, mais tardar as 9, mas as 22 ainda são 18 no cliente e estão lhe cobrando trabalho, pois ainda o dia não acabou, para eles.

•

Havia tempos em que celular era apenas um item para os ricos, portadores de status e requinte, pessoas que desfilavam pelas ruas, sem medo de serem furtadas, com seus aparelhos gigantescos e apenas utilizando o produto para conversar, isso mesmo, pasmem, conversar via voz, onde uma pessoa fala e a outra responde de forma direta, on-line, sem demora para responder, sem escrita e de forma dinâmica e rápida. Podem acreditar, isso já foi um dos usos do aparelho celular e o que é mais impressionante é que não existia um fone de ouvido sequer que funcionasse nestes aparelhos. Apesar de absurdo, isso era uma realidade, por mais incrível que possa parecer.

A modernidade (se é assim que podemos chamar) alterou diversos costumes em nosso dia a dia, sendo um deles a conversa direta pelo telefone, seja ele celular ou não. Os dias de trabalho passaram a ser constantes reuniões em chats no celular. Os grupos se multiplicam em dezenas e por assuntos diversos, com pessoas diversas, quebrando barreiras de tempo e espaço. Um projeto no México pode ser gerenciado por WhatsApp, enquanto o consultor inicia seu projeto no Brasil as 8:00hs, se reúne as 10:00hs com o México, as 14:00hs com São Francisco na Califórnia e termina seu dia as 23:00hs com uma reunião de status sobre seu dia de trabalho com a Índia. E tudo pelo celular.

Um consultor certa vez se deu conta de que o seu aplicativo de conversas estava tomando conta de sua vida, gerenciando todos os seus compromissos e eliminando vários outros meios de comunicação entre ele e o resto do mundo. Recebia de tudo por lá, convites de casamento, de festas, reuniões de amigos, congratulações (desde aniversário a títulos como arquiteto, engenheiro etc.) e até entrevistas de emprego. Resolveu excluir de sua vida estes aplicativos, sendo necessário um absurdo contato por uma ligação ou até o envio de convites pelos arcaicos correios e quase extintas cartas.

Porém, isso lhe custou um desgaste profundo no quesito atualização. Nos projetos de hoje em dia o acompanhamento dos cronogramas é basicamente extensivo aos aplicativos de conversa, e se não os acompanha, se não está no grupo, estará sempre atrasado e com o cronograma desatualizado. Isso ocorre principalmente quando falamos em projetos remotos, para os felizardos consultores que conseguem esta possibilidade, onde pintam um quadro repleto de atividades domésticas para os consultores que trabalham de casa e na verdade as atividades de trabalho se multiplicam em função da "facilidade" em se trabalhar remoto. Mas isso é para outro capítulo.

Voltemos a conectividade, onde a ligação direta se dá a uma única direção e a disponibilidade deve ser ampla, digo ampla em todos os sentidos, tanto temporal quanto espacial. A visibilidade de quem acessa um consultor é que ele é o próprio aplicativo de conversa e que recebe praticamente dentro de sua mente todas as mensagens a ele encaminhada com o caractere @. Isso vem como uma flecha no seu coração, que liga um sinal de alerta quase que mortal.

•

Sábado, 19:35hs, recebo uma mensagem do codinome sinistro "Sangue Bom", em meu celular com uma direta, com instruções claras de desespero: "Deu ruim, caiu tudo, preciso que você me ajude agora". Bendita foi a hora que olhei a mensagem, naquele momento, a uns 25 km de casa e do acesso ao seu notebook, prestes a entrar no cinema para assistir "aquele" filme. Nada mais vai tirar a minha atenção, nem mesmo o filme tão esperado, aquele caractere @ seguido de meu nome foi mais que um tiro no meu estômago, foi um atentado ao pudor, um crime inafiançável, um roubo irreparável e irrecuperável da minha liberdade de utilização de meu tempo. Explosões, monstros, demônios, nada é mais assustador e nem mesmo o desfecho daquela trama tão aguardada daria mais ansiedade do que o @ naquela mensagem. Abrir a mensagem durante o filme não me deixou menos ansioso, apenas aguçou minha vontade de ter escolhido uma outra profissão, menos invasiva e produtiva. Não que essa não seja produtiva no sentido de produção empresarial e produção pessoal, mas produtiva no sentido de se produzir a qualquer momento e em qualquer lugar um problema, que jamais ocorre durante o horário comercial.

Assim, acabando o filme, resolvi então, ali já as 21:00hs do sábado, responder com um simples "ok" para entender o tamanho do problema. Ainda a 25 km de meu acesso remoto, sigo a lista de problemas e das pessoas afetadas naquele momento, assim como o valor que a empresa está perdendo por estar parada as exatas 2:00hs do filme que eu acabei vendo sem prestar atenção, já esquecendo, inclusive, qual foi o desfecho final da trama. Neste momento o drama se desviou, passando a ter momentos de terror extremo e sustos quase que a cada segundo. A angústia continuou durante o percurso até minha casa, falando em viva voz, junto com minha companheira em um nível de irritação estratosférico por ter sido encurtada minha noite de desfrute, com suposições quase que absurdas por não terem acesso aos problemas de forma direta. Tentando apaziguar o problema causado quase que simultaneamente dos dois lados, meu e o da empresa, tento soltar uma piada sobre mim mesmo, porém veio sem a reação esperada e o clima romântico evaporou como os personagens do filme.

Após chegar em um ponto de acesso remoto (minha casa), com a noite já perdida, com o estômago a um fio de estourar uma úlcera e minha companheira a um passo de me deixar com meus problemas sozinho, consigo acessar o sistema pelo meu notebook e verificar o real problema, constatando que minha ação seria inútil, pois o problema se daria por uma falta de luz, que regressou segundos antes dele chegar no ponto de acesso. "@TODOS O sistema voltou sozinho".

Assim como também voltou sozinha minha companheira para casa dela, terminando uma noite, como disse, irrecuperável.

Capítulo 5
Uma linha tênue

Assim como toda profissão, existem os momentos temerosos, ou mais críticos quando a inocência deixa de ser uma possibilidade de defesa. Você se encontra em um ambiente completamente maduro, com pessoas maduras, querendo cada um buscar uma solução ao seu problema, custe o que custar. E a expressão é interpretada literalmente, as pessoas se cegam e não se permitem interferências externas, sua realidade é a forma que pensa e a realidade alheia tem que seguir suas regras. Nada flui como uma comunidade, quando a comunidade é exposta aos seus monstros, aos seus defeitos e a sua fragilidade, que é usada como arma de seu opositor para combater as ideias que colocam em risco a solução de um problema que envolva alguém, que normalmente não é o consultor.

Isso é do Ser-Humano, ser humano significa participar de um conjunto de seres da classe humana, ou seja, compartilhar hábitos, tipos, maneiras, comidas, lugares, meios, comportamentos, soluções e problemas. Porém o problema mais importante do mundo é aquele onde você está envolvido, o famoso "problema seu". Se livrar desse problema significa deixar de ser seu e passar para alguém, desde que não se resolva. Se for resolvido, o problema some, deixa de ser seu problema e não vai para ninguém. Esta é a melhor forma de sair de um problema. Porém, como cada um tem o seu e precisa resolver para se livrar dele, a maioria se mobiliza e mobiliza outras pessoas para que o problema dele seja resolvido, não importando que outro problema seja gerado, desde que ele não esteja envolvido nesse novo problema.

Apesar de eu ter gerado um problema para se entender o que foi descrito, o problema é simples e pode ser entendido em uma única frase. Cada um só pensa em si. É por isso que as discussões são frequentes e causam tantos problemas (juro que foi a última vez que escrevi isso nesse parágrafo) que poderiam ser resolvidos se todos pensássemos no bem comum do conjunto chamado Ser-Humano.

Porém isso é algo inevitável e as discussões são geralmente finalizadas sem sequelas e em muitas vezes trazendo uma conclusão sadia e valiosa para o projeto. Do outro lado, as que não acabam bem são as mais interessantes, pelo menos no ponto de vista da história. Isso significa que rancores e ruídos serão espalhados por todos os cantos, marcando os envolvidos como encrenqueiros ou "pessoas difíceis de lidar". Isso pode acabar com uma carreira inteira e a reputação de um consultor rege seu sucesso nos clientes e sua taxa/hora também.

•

Já vimos que a entrada de um consultor no ambiente de trabalho alheio já é algo desafiador e afronta a qualidade e o conhecimento dos funcionários e terceiros que já trabalham ali a meses, anos, décadas, e isso torna sua presença odiada de tal maneira que qualquer comentário que seja voltado a maneira que se trabalha seria o suficiente para causar um distúrbio atômico nuclear no recinto, gerado por olhares sulforosos e cortantes, que jorram como lavas vulcânicas em sua direção. Imagine se o consultor é responsável por fazer um QA* no projeto (QA - Quality Assurance, também conhecido como revisão de projeto, onde cada consultor especialista em uma determinada área verifica se todo trabalho feito no projeto está de acordo com as melhores práticas e está sendo feito de forma correta, seguindo a metodologia e a definição, garantindo que o projeto seja entregue conforme esperado pelo cliente).

Em outras palavras, o consultor vai dizer se o que foi feito está bom ou não e expor isso para a empresa inteira, é claro, de forma educada e profissional. A visão de quem está trabalhando na empresa é que alguém vai meter o dedo onde não foi chamado, falar um monte de m... e deixar o cliente insatisfeito, a ponto de mandá-lo embora. Por mais que o funcionário tenha seguido todos as normas de melhores práticas, feito tudo certo conforme a definição do projeto e não escondido nada que o possa desabonar, o frio na barriga é certo e o desconforto em ter esse cidadão trabalhando no mesmo ambiente que você é mais do que suficiente em querer que nosso amigo consultor tenha uma perna quebrada, uma cabeça rachada, um acidente inesperado ou algo parecido.

As entrevistas fazem parte do trabalho e devem ser feitas com todos os envolvidos nas execuções das tarefas direcionadas a especialidade que está sendo revisada. Imagina você ter que parar o seu trabalho para dizer a uma criatura que veio de fora, que não conhece nada da sua rotina e seus problemas, e ter que declarar a ele tudo que foi feito, certo ou errado, para ele usar isso contra você e mostrar para todo mundo sem nenhum escrúpulo.

Nem preciso dizer que a tarefa já se inicia com um desafio mais que surreal, além da limitação humana, e que deve ser adquirido em alguns minutos antes de entrar em ação. Ninguém se prepara para ser um especialista em criticar e levantar os problemas alheios a vida toda, não quando se trabalha em tecnologia. Um repórter, um auditor, um especialista em casos conjugais, um advogado, um psicólogo ou então um jornalista teria mais habilidade para tratar estes pontos, mas um consultor de TI, que se aprimorou em falar com máquinas, programas e serviços prestados, não tem a mínima conduta familiar de conduzir pessoas a falarem aquilo que elas querem esconder.

Ai então, entra pela porta alguém que conhece muito o seu trabalho, onde ele deve atuar, mexer, atualizar, programar e buscar (geralmente o Google) mas deve utilizar seu conhecimento para dar pitácos naquilo que já está estabelecido a algum tempo e que alguém já, provavelmente, deu seu aval como a melhor prática a ser usada. Isso depois de meses de projeto, milhares de reuniões, consensos, palestras, discussões (na maioria acaloradas) e por fim se chegou a uma solução que deveras deveria ser implementada. Em apenas um dia, o nosso consultor deve colher todas as informações possíveis e impossíveis para compilar tudo e gerar um relatório de duas páginas dando notas baixas para os itens que jamais foram discutidos (por não terem importância) mas que são suficientes para permitir que o consultor seja odiado por gerações.

Sem dizer que durante as entrevistas as respostas são, na maioria das vezes, insatisfatórias. Respostas como "claro", "óbvio", "sem dúvida", "jamais", "com certeza", "aham" lideram o formulário de perguntas do consultor, que deve formular as respostas mais óbvias para não permitir que seja criticado como desleixado no relatório final. Nesta tarefa em especial, o consultor deve utilizar o seu conhecimento político e a medida em que forem expostas as denúncias sobre os pontos analisados, a política passa a ser mais varzeana que no congresso do Brasil.

•

A política da empresa é bem clara, marcar viajem para o exterior a países que estão na black list, como os mais perigosos, insalubres, infecciosos e venenosos, deve haver um planejamento de, no mínimo, 15 dias, para que haja tempo suficiente de aprovar os quinze relatórios que devem passar por toda área jurídica, governamental, analítica, segurança, saúde e funeral (esta última foi apenas para ilustrar a gravidade de se viajar a um país da black list). Trinta e cinco pessoas com a patente para aprovar, duzentas e quarenta e sete pessoas envolvidas, consultoria, auditoria, empresas de nível internacional, conectadas com a ONU, FBI, KGB, PQP e o presidente da empresa, dando seu aval final. Com este controle "rígido" o nosso amado consultor pode solicitar a passagem com 15 dias de antecedência a contar da última aprovação.

Sexta-feira, 18:30hs recebo uma mensagem do meu projeto. "Verifique sua caixa de correio URGENTE". Já estava se preparando para finalizar a semana, o note já estava fechado a tempos, resolvo então verificar pelo celular. Um e-mail curto dizia: "O cliente exige sua presença no local nesta segunda-feira as 8, solicite urgentemente sua passagem para Caracas". Mesmo com a fortuna gasta pela empresa para proteger a integridade do funcionário, as exceções são mais regras que derramam por água abaixo todo o investimento burocrático seguido por poucos infelizes novos consultores. Até o "esquema" estar introduzido em sua cultura e este tipo de procedimento e ação não causar mais espanto.

Mas vamos lá, afinal existe um percurso longo até a liberação da passagem. O desejo de que o processo não consiga finalizar a tempo é escaldante e chega a exaltar durante a meia-hora faltante até o fechamento da agência de viajem. O sorriso vai se abrindo as 18:59hs. Mas logo percebo que estou sem internet e os e-mails de antes das 18:59 começam a chegar. Nem os abri, li apenas o assunto e fui passando, um a um dos 23 e-mails que chegaram. No final do último, já passando das 19:20 o sorriso vem com espontaneidade, "NÃO DEU TEMPO, UHUUU", com brado longo eu me satisfiz e iniciei o fechamento do note. Porém um último e-mail pinga em minha caixa, assunto "Agência de viagem", conteúdo, "Segue seu voucher com a confirmação das passagens". Desolador, no mesmo momento tentei motivar a mim mesmo, com pensamentos como "não é lá que tem as mais belas misses mundo" ou "vai ser legal conhecer um outro país" ou até "dizem que as praias de lá são muito lindas". Uma visita a internet, verificando os melhores lugares para se visitar, as mais belas praias e os melhores restaurantes. A desolação passa a ser empolgação, ansiedade. "Não sabia que era tão lindo" e pasmem é mesmo.

A empolgação e a ansiedade se desprendem de mim quando descubro que a expectativa é muito diferente da realidade. Mas o local não me incomodou, afinal é uma viagem de trabalho, "estou aqui para trabalhar, não para me divertir" e o caminho do hotel, ou melhor, pensão até o cliente se torna um martírio diário, "ainda bem que é só até sexta-feira". O trabalho sai conforme o previsto, sem maiores problemas, parece que tudo vai dar certo e no final a satisfação volta como dever cumprido. Feliz pela volta, já sorridente dentro do taxi, pensei nas possibilidades que poderiam ter antes desta viajem. "Desnecessário", "um par de e-mails resolveria o problema", "acesso remoto existe pra que afinal?". Mas isso não atrapalha a felicidade de voltar para casa e rever os familiares. O que atrapalha é a manifestação que ocorre no caminho até o aeroporto. Milhares de pessoas reivindicando isso ou aquilo, com suas razões e com suas forças brutas, a fim de não permitir que nenhum carro passe por aquela avenida, única, até o aeroporto. O voo foi perdido, as noites foram perdidas, o final de semana foi perdido e o tão esperado reencontro com a família é adiado.

Enfim, quando consigo chegar ao meu país de origem, depois de dormir 2 noites no aeroporto e se alimentar com barrinhas de cereal, ainda tive que suportar outra manifestação até chegar em minha casa. Quatro horas após sair do aeroporto, finalmente tenho o meu reconhecimento pessoal demonstrado por minha família. Abraços sinceros e aquela velha pergunta, "fez um bom voo?" por mais que não seja cabível é aceitável e sugere até uma resposta positiva.

Após um leve descanso e uma alimentação pesada, consigo enfim ler meus e-mails, afinal, diferente de minha família, não há reconhecimento humano e sequer pessoal no ambiente corporativo. O primeiro e-mail lido, com o assunto "Caracas" entre chaves, vem com uma instrução bem clara, "O cliente está esperando o relatório para hoje, no máximo final do dia". Ao tentar argumentar com fatos sobre minha viagem, respondendo o e-mail depois de escrever e apagar várias vezes os xingamentos e as palavras agressivas, num estado de espírito de um porco sendo digerido por uma vaca no cio, recebo uma resposta branda e racional segundos após enviar meu polido e-mail: "Nossa que chato. Quando você consegue entregar? Amanhã bem cedo está bom para você? Faz um esforço!".

•

Segundo uma lenda que persiste em acompanhar os consultores por todo lado, existe a grande possibilidade de Murphy ter sido consultor e ele ter baseado sua lei em experiências próprias. Os casos acontecem em várias escalas e em todas as possibilidades cabíveis em um evento. Se um programa tem o mínimo percentual de acabar com o ambiente do cliente inteiro, este percentual se multiplica pelo tempo de experiência de um consultor e a margem de erro, que em pesquisas de voto variam entre 2 e 3 por cento, se tornam índices de milésimos de percentual, tão pequenos como o resultado de uma ocorrência que vou narrar agora.

Os lugares mais distantes e menos conhecidos são os mais favoráveis a trazerem problemas aos pobres consultores. No fim do mundo, próximo ao pé de uma serra, onde o sinal da internet chega pela metade e as placas de WiFi trazem no símbolo apenas a bolinha, se traduz em necessidade de ter um anjo forte, para que não surja nenhum problema desconhecido, daqueles que só os Indianos já presenciaram. Porém, como as possibilidades crescem na mão dos menos afortunados de sorte e sabedoria, principalmente com a sombra de um colega como Murphy, o princípio do processo é bem ameno, simples e viável as condições dadas para o trabalho. Isso tudo ocorre durante o período diurno, onde todos os funcionários estão a postos e a engrenagem da empresa funciona perfeitamente.

Porém, um problema na impressão surge quase no final do dia, ao cerrar das luzes, próximo ao crepúsculo e o fechamento das cortinas. Problema simples de impressão de notas fiscais que devem ser atualizadas e manipuladas de noite, quando ninguém mais está trabalhando e emitindo notas. Problema de layout, de desenho no papel, coisa muito simples, deve levar menos de 5 minutos para ser feito e não precisa nem testar, faz direto em produção. O que pode dar errado? Nada, é apenas um desenho

O vestígio de um erro grotesco é imensurável pelo tempo perdido em resolvê-lo, porém quando se tem um simples erro de impressão, onde uma linha está fora da página e a única modificação cabível é a certeira mudança de posição daquela linha, o óbvio deixa a garantia de um trabalho simples e de uma modificação quase infantil.

Entretanto, lembremos de nosso colega famoso que dizia "qualquer coisa que possa ocorrer mal, ocorrerá mal, no pior momento possível" ou "se algo pode dar errado, dará", tínhamos várias possibilidades de acontecer algo inusitado, pois seria impossível acontecer algum problema naquela circunstância. Naquele momento descobri que havia mais interpretações sobre as frases famosas e uma delas se caberia perfeitamente sobre o acontecimento. Uma variação desta frase, inventada até aquele momento por mim, me sugeriu pensar que "mesmo se não há margens para erros, não o subestime, pois ele faz parte da solução".

Exemplificando esta minha epifania, no momento real da modificação, senti uma angústia e uma sensação de que algo estava errado, pois estava simples demais para que um consultor experiente tenha que se deslocar de seu habitat, a custos enormes, para tão somente mudar uma linha em um relatório. Porém, quis ser otimista e deixar isso escorrer pela urina. Não necessitava me envolver com tantas questões para algo tão simples. Mandei a produção sem pestanejar, certo de que iria fazer um teste qualquer, com uma nota já impressa e ir descansar no aconchegante e meigo hotel da cidade.

Logo no início da impressão, aquela angústia deu lugar a uma sensação de que nada poderia dar errado. A impressora fez seu som peculiar de puxar o papel e eu relaxei aguardando o resultado, prestes a fechar meu notebook e ir descansar mais cedo, já que depois disso não tinha nenhuma outra atividade e o badalar das 17:00hs me soou como um alívio. Quando o funcional pega o papel da impressora e começa a sorrir, aguardei um elogio daqueles como "você é o cara". Ao ver o resultado, mostrado de longe, cai na gargalhada, pois a nota estava sendo impressa corretamente, com a posição alterada no seu devido lugar, como deveria ser, com todos os campos, os valores e os cálculos perfeitamente corretos. Porém, a impressão saiu em uma fonte minúscula, com algumas informações que só dava para ler com lupa. Achei até "bonitinho" e engraçado ver aquela nota fiscal miniatura, minúscula e toda correta.

Devia haver algo de errado, é claro. Mas jamais em meus anos de experiência presenciei situação como esta. Não havia opção para mudança de tamanho, de fonte ou de estilo. Era algo realmente simples, um relatório com suas informações enviadas por um programa, nada que pudesse alterar o comportamento da impressão desta forma. O sorriso se sessou e tomou lugar uma preocupação e a certeza de que a noite seria longa.

Vamos voltar a alteração e ver o que acontece, comentei com o funcional que me olhava espantado e não acreditando que iria ter uma noite fácil. Voltei a versão anterior e fizemos outro teste, para saber se o problema havia sido causado por mim. A impressora puxou o papel e novamente imprimiu uma nota de Lilliput. Pequena e com todas as informações lá, com o erro de impressão da mudança que havia desfeito.

Não podia deixar aquilo daquele jeito, afinal meu nome estava lá como o último a alterar o relatório, além da responsabilidade em resolver o problema para o cliente, é claro. Fiz vária alterações, modifiquei todos os parâmetros possíveis e imagináveis, imprimi quase 200 vezes o mesmo resultado (em uma única folha) e nada, absolutamente nada deu resultado. Parei para pensar o que poderia ser, aquela hora não tinha muito para quem pedir ajuda, já era 2:30hs da manhã e as notas precisavam ser impressas a partir das 7:00hs.

Fui ao banheiro, sentei-me no vaso e comecei a chorar. Não era possível que aquela impressão não saia no tamanho normal, o que eu tinha feito para merecer isso. Cheguei a pensar que aquela esmola que neguei ao mendigo no ponto de ônibus, mesmo tendo 1 real em moedas no bolso, era a razão por estar passando por aquilo. Minhas possibilidades programáticas estavam esgotadas, não havia Google naquela época e meus manuais impressos não me davam nenhuma dica de como salvar o meu antes do início das atividades da empresa.

Resolvi então fazer uma última tentativa, daquelas em que você diz a si mesmo que se não der certo peço as contas e vou estudar outra coisa. Como havia uma única impressora para impressão de notas, decidi enviar a outra, mesmo não sendo homologada para impressão de notas. Enviei a um outro departamento e sai correndo para ver o resultado. A impressora fez seu som típico, puxou o papel e imprimiu. Tudo certinho, tamanho, linhas, dados, layout, tudo perfeito e em tamanho real, mas em papel comum.

Corri de volta ao setor que imprimia notas para avisar a minha descoberta, com a folha na mão e a certeza que seria glorificado por resolver um problema nunca existente na história da companhia. Quando chego ao setor, vejo um técnico junto aos funcionários responsáveis pela impressão e o funcional, que grita logo ao me ver, "o erro estava na impressora, eu sabia, já estão trocando".

Capítulo 6
A insustentável leveza do notebook

Chegando ao cliente, a primeira coisa que se faz é compreender como funciona a entrada do recinto. Muitos deles parecem óbvios, mas lhe conduzem a lugares as vezes tenebrosos e com pouca gente para lhe dar informação. E quando dão, são tão incertas como a própria localização e as vezes nos encaminham a outras empresas com a mesma indefinição de local de entrada. É uma saga incerta, até o momento de se encontrar alguém, com a real intenção de ajudar, que te indica algo parecido com uma recepção, onde se encontram jovens, de 60 a 95 anos, que mal conseguem ouvir o seu nome, quiçá entendê-lo.

Mas nem sempre é assim, a conquista de uma chegada a um triunfante prédio, com polpas para te atender com a mais delicada e prestativas recepcionistas e os elevadores inteligentes, que já sabem qual o andar que você vai, sem erros e sem demoras, te faz sentir o mais importante dos servidores privado. A prestação de serviço levada a sério, com respeito e confiança, a um olhar ilimitado de câmeras de segurança, te dando a impressão de liberdade vigiada e a sensação de que você tem uma certa importância, que começa quando te dão um crachá com uma foto sua, tirada de um ângulo que você jamais desconfiaria e perceberia se não estivesse lá, impressa no seu crachá.

Em um desses edifícios, entro pela recepção já achando que seria um dia diferente, fácil e completo, em um ambiente agradável, com música suave e com as mulheres mais lindas que já havia visto em uma recepção. Fui atendido com respeito, carinho e uma certa simpatia, já que para serem simpáticas bastava elas olharem nos meus olhos. Fui selado, registrado, carimbado, avaliado, rotulado, mas sempre com muita simpatia. Enfim recebi o tal crachá, onde mostrava partes do meu rosto que eu nunca havia visto antes, em uma foto 4K de resolução. O que me impressionou foi ter visto o crachá estar pronto em segundos. Com o acesso liberado para passar pelas catracas, com meu escudo refletor de seguranças, já que o crachá era vermelho sangue, onde era possível identificar que eu era um intruso, ou melhor dizendo visitante, a quilômetros de distância (notei até que o prédio do outro lado da avenida havia pessoas apontando para mim), entrei para o saguão dos elevadores. Finos, elegantes e sinceros, um deles se abriu após eu teclar o andar a qual queria ir. Uma luminosidade aclarou o ambiente todo e reflexos de todos os lados (tinha espelho até no tento) me dava a sensação de estar entrando em uma caixa infinita, música ambiente e relaxante, uma televisão mostrando as notícias mais recentes e um rapaz saindo, com a mão na boca como se estivesse rindo de alguma coisa e escondendo para não ser notado. Deveras confiante, entrei no recinto, pois aquele elevador cabia duas camas beliche e um lavatório no canto. Logo quando as portas se fecharam, senti um odor típico e conhecido, daqueles em que sabemos do que se trata. Finalmente percebi o porquê da reação daquela criatura ao sair do elevador. Para piorar a sensação de idiota, as portas se abrem no segundo andar, onde adentra uma mulher de vestido curto vermelho, sapatos da mesma cor, cabelos longos e óculos da Guess. Nem me notou no canto do elevador, apesar da minha imagem ter sido refletida no infinito pelos espelhos um a frente do outro Só me notou quando sentiu o cheiro típico de gás sulfídrico, metanotiol, dimetil sulfeto e mercaptanas. Olhei para ela numa desesperante e frustrante tentativa de dizer com os olhos de que não tinha sido eu. Ela me mediu dos pés à cabeça virou de costas e saiu no andar acima com as mãos cobrindo a boca e o nariz, num certo sorriso sem graça. Por pouco não gritei "desculpe senhora, mas não fui eu". Mas com certeza isso pareceria mais comprometedor, selando assim minha culpa. Enfim, engoli esta e segui para o andar onde iria descer.

•

Levar o equipamento de trabalho para todos os lados é um privilégio dado ao consultor, onde sua mesa fica nas costas e tudo que ele precisa está ao alcance de suas mãos. Poucos profissionais conseguem ter essa facilidade, onde qualquer lugar pode ser seu escritório. Uma cafeteria, um bar, uma piscina, uma praia. Basta ter acesso a internet e tudo se resolve e nos dias de hoje o trabalho remoto é quase um pré-requisito para se trabalhar em TI. Junto a lista acima podemos incluir também (e porque não) sua própria casa. Sair da cama e estar já preparado para executar suas atividades sem ter a necessidade de tomar café ou um banho e até mesmo passar desodorante é algo que traz satisfação, alívio e tempo de sobra. Tempo de sobra para trabalhar, pois na mesma linha, o consultor está preparado para trabalhar sem precisar jantar ou até mesmo tomar banho e dormir.

Esse método de trabalho se tornou mais difundido, mas a milénios (ok, a alguns anos, talvez décadas) o consultor já tem este hábito e seu escritório portátil lhe dá vantagens que somente a experiência em trazer consigo todo o material necessário para fazer tudo lhe permite estar anos a frente dos que estão engatinhando nesta forma de trabalho. E não são apenas as ferramentas que importam, são hábitos e as adaptações que fornecem mais habilidade dos consultores em desenvolver seu trabalho de forma mais agradável, de qualquer lugar.

Em uma certa circunstância, tive que desenvolver meu trabalho remotamente, onde estava participando de 4 projetos simultaneamente e cada um com uma atividade diferente. O embaralhar das cartas acaba com um descontrole geral de cada visão. Se não houver um equilíbrio e uma coerência do tempo utilizado, tudo se embaralha e os vários pratos que precisamos manter rodando começam a cair, um a um a sua cabeça quebrando em pedaços pontudos e afiados.

Nessa ocasião resolvi dar prioridade aos mais importantes, porém havia esquecido que a importância é relativa, dependo para quem você está trabalhando e para quem você precisa entregar o trabalho. Me convenci que o trabalho mais demorado deveria ter prioridade, pois tinham mais atividades do que os outros, com isso poderia procrastinar os que eram mais fáceis, pois seriam resolvidos mais rapidamente.

Outro erro, nada é fácil neste mundo e se precisam de um especialista, já deveria adivinhar que nenhuma das atividades seriam fáceis. Entrei em desespero, comecei a trabalhar 27 horas por dia (sim isso é possível, não me pergunte como). As respostas aos clientes foram todas trocadas, enviei e-mail com nomes trocados e mensagens para grupos de outros projetos. A bagunça foi tamanha que respondia bom dia ao cliente e mandava cronograma para minha esposa, mesmo trabalhando de casa, ao lado dela. Me transformei em um eremita preso em minha própria acomodação, sem poder sair de frente ao computador e me vi escravo de meu celular, sem hora, sem dia, sem privacidade. Algemado a minha própria propriedade e iludido com a possibilidade de ter mais tempo com minha família, meus pets, sendo apenas perseguido por chamados em meu teclado e com a companhia de meu inseparável monitor escurecido pela fraca luz que o acompanha.

Fui capaz de entregar todos, mas com um suplício em ter uma noite, pelo menos uma noite de sono sem ser perturbado pelo irritante apelo sonoro do celular ao qual o mantive desligado por infinitas 2 horas, antes de ligar novamente e verificar se havia alguma chamada perdida.

•

Levar consigo todo o equipamento necessário para efetuar suas atividades laborais é algo que torna o consultor um prestador de serviços nato, como qualquer outro que necessita de ferramentas essenciais para sua jornada de trabalho. A grande diferença é que o equipamento necessário para o consultor é apenas um notebook, na maioria das vezes pequeno e leve. Alguns carregam junto um teclado, um mouse, um cabo sobressalente para conexão com monitores ou retroprojetores, mas essencialmente apenas um notebook e um celular seria o suficiente para o seu trabalho, evidentemente com acesso ao Google, quero dizer, a internet. Por enquanto (ou até o presente momento em que escrevo este texto) ainda precisamos do notebook, mas algum dia apenas o celular será necessário.

E quanto menor o equipamento, melhor a forma de locomoção e alívio em carregar este item, porém, maior a probabilidade de perdê-lo, esquecê-lo ou furtá-lo. O furto é muito comum em lugares como onde vivemos e isso trás um desconforto enorme no caminhar até o cliente, fazendo com que a conexão remota seja a forma mais segura de atender um cliente (mais segura para o consultor, diga-se de passagem). Chegar em um cliente sem sua principal ferramenta de trabalho em muitas vezes te dá a possibilidade de mostrar um conhecimento ainda melhor do assunto e te leva a um patamar quase místico na grande arte em exercer suas funções. Estou falando em utilizar aquilo que muitos esquecem que o consultor carrega junto a sua bagagem (ou mochila). Algo que fica acima do compartimento de bagagem e é essencial para que todas as ferramentas sejam utilizadas de forma correta e adequada para cada ocasião. Sim, estou falando do cérebro, nós consultores, por incrível que parece, temos um.

O que me arremete a uma situação muito inadequada para entrada inicial em que tive um novo cliente. Muitas vezes nos atarefamos de verdade, como muitos projetos e atividades que nos deixam perturbados, atrapalhados e até mesmo inseguro quanto ao que estamos fazendo naquele momento. Isso é muito comum para pessoas comuns, agora imagine para pessoas que sofrem de T.D.A. (Transtorno de Déficit de Atenção). Eleve toda esta confusão mental a décima potência e inclua uma pessoa, dentro de si mesmo te cobrando a cada minuto para que preste atenção naquilo que está fazendo, ou deixando de fazer. Cada movimento, cada objeto deixado, cada tarefa executada, cada comando recebido, cada e-mail lido, cada palestra assistida, cada legenda lida, cada texto descrito, cada tudo, tudo mesmo, deve ser checado e conferido para que não tenha possibilidade de haver erro, engano ou simplesmente esquecimento.

Fui assignado para ir a um cliente novo, ou melhor dizendo, um futuro cliente que nos possibilitaria um novo contrato para continuarmos sendo fornecedores de serviço para uma nova ferramenta (desenvolvida pela empresa) a fim de darmos continuidade ao trabalho que já tínhamos com ele (cliente) em outras frentes. Me preparo psicologicamente e tecnicamente para apresentar este novo produto, crio uma apresentação mágica, com slides cheios de efeitos visuais, frases de efeito, falando a linguagem do cliente e mostrando tudo de melhor que a ferramenta poderia trazer, com gráficos mostrando os ganhos e todo o blablabla para convencê-lo que aquilo seria mais que essencial, seria algo obrigatório, com isso o mundo se abriria aos pés de seus produtos e seriam líder universal no seu segmento. OK, um pouco de exagero neste momento, mas estava tudo preparado e eu estava confiante ao extremo para seguir em frente.

Ao chegar ao cliente, sou diretamente encaminhado ao CIO da empresa, em uma sala luxuosa, regada de café de máquina em cápsulas e copos de água gelada, retroprojetor e televisores de 60 polegadas prontos para serem conectados ao meu notebook para que eu pudesse mostrar minha apresentação e brilhar no meu momento.

Abro minha mochila e um raio congelante entra por minha espinha e rasga meu estômago. Não encontro meu notebook, apenas o cabo de força e uma inútil fonte de energia no fundo, quase que sorrindo para minha pálida cara de idiota. Retrocedi no tempo afim de entender a situação e talvez colocar a culpa em um assalto ou quem sabe em uma assistência técnica de último momento. Enquanto estava só na sala, em minha cabeça, passou em segundos todas as possíveis desculpas além das possibilidades que tinha naquele momento. Simular um enfarto, um derrame, sair correndo, fingir um telefonema urgente, diarreia, ir ao banheiro e ligar de lá falando que vou atrasar, enfiar um antiácido na boca e cair ao chão estrebuchando, mudar a voz e falar que fui possuído. Cheguei a abrir a mala para pegar o Sonrisal, porém fui surpreendido pela abertura da porta, quase que de forma ignorante, o que me deixou quase desfalecido pelo susto que levei (o que não seria uma má ideia). Não consegui disfarçar meu pavor ao ver que todos haviam chegado juntos, na mesma hora, inclusive o CIO, que ao me ver pálido lançou um "você está bem?". Demorei a responder e sinceramente não me lembro se respondi ou não.

Já naquele momento não tinha muitas opções, não houve quem não entrou e olhou para minhas mãos, sem notebook e com um celular apenas. Estava na hora de eu entrar em cena, pois tinha que tomar uma atitude e se não tinha minhas mãos usei minha cabeça. Iniciei com um saudoso cumprimento e iniciei tentando modificar o foco dos olhares na tela, tentando direcionar para o lúdico e o imaginário. Levantei, gesticulei, trouxe a plateia junto a mim, inclui todos na conversa, desenhei tudo aquilo que havia feito no Power Point em um flipchart, gastando todas as folhas.

Consegui mudar o foco das minhas mãos e no final sai satisfeito de meu feito, com a promessa de que enviaria uma apresentação com tudo aquilo que havia sido discutido em reunião. Ao sair da empresa, devolvi meu crachá a recepção e estava indo embora, quando o segurança da empresa gritou para mim: "Senhor, não se esqueça de pegar seu notebook, o senhor esqueceu aqui quando pedimos para anotar o número do ativo".

•

As possibilidades de utilização dos notebooks atuais são diversão, comparáveis até com um smartphone. As características do computador o fazem parecer estar em sintonia com o ambiente sendo quase invisível para quem frequenta muito o mesmo recinto em que ele fica instalado, mesmo ele sendo uma ferramenta criada para ser transportada de um lado para outro. Em muitas vezes, vemos notebooks instalados como computadores de mesa em clientes e até mesmo em escritórios de empresa de tecnologia. Algumas empresas recolhem os que não estão protegidos dando uma lição de segurança aos usuários do produto. Mas, em certas ocasiões, deixá-los instalados na mesa torna-se uma prática mais segura que os carregar pelas costas em transporte público ou pelas ruas.

Ele pode se tornar um aliado quando estão hibernando, em situações adversas, como por exemplo ser um espião oculto, já que suas câmeras, pouco utilizadas, podem trazer imagens dos gatunos aproveitadores da madrugada e da escuridão que os cerca.

Em certa ocasião, comprávamos algumas guloseimas para que pudessem ser consumidas durante o expediente e sempre tínhamos em mãos estas distrações de degustação para acalmar a alma e preencher o vazio deixado pela pressa em voltar ao trabalho durante o almoço. Certos produtos eram adquiridos com a colaboração de todos os envolvidos no projeto, pelos altos preços proporcionados e ao alto requinte necessário para o agrado desde o porteiro até o presidente.

Uma destas guloseimas de alto requinte havia sido adquirida para o deleite de uma ocasião importante, com um número exato de bombons para que todos pudessem fazer parte daquela degustação comemorativa. O produto estava guardado e escondido, pois havia um cuidado grande para que ninguém o consumisse (por engano, que seja) antes de tal evento.

Eis que, em uma manhã comum, dia ensolarado e ar-condicionado congelante, um dos nossos consultores nota uma falha na embalagem e a falta de um dos artefatos adocicado, deixando um rastro de malandragem no pacote forçado e quase desabrochado pelo usurpador. O acontecido deixou perplexa toda a equipe trazendo uma mistura de ódio, tristeza e uma sensação de impunidade a quem teria deferido tal ataque ao indefeso produto.

Muitas questões vieram à tona: Quem seria? Qual o objetivo? Por que apenas o mais caro? Por que logo aquele artefato? Por que deixaram evidências do crime? Quando havia acontecido? Por que não levaram tudo, apenas um? Quem teria acesso aquela sala? Onde estaria Sherlock Holmes naquela hora? Quem nasceu primeiro, o ovo ou a galinha? Seriam Deuses os astronautas?

Nada poderia ser respondido sem uma investigação mais profunda que pudesse trazer respostas a maioria destas perguntas. Algumas tentativas foram postas a prova, até laxante em bombons foi cogitado, mas nada traria respostas convincentes e apontaria com precisão o malfeitor, o larápio dos bombons finos. Eis que surgiu a ideia de utilizar o notebook como espião para captar imagens do nosso vilão. Um artefato imóvel, quase parte do ambiente e com possibilidades de trazer não só um, mas vários ângulos da mesma cena.

Tudo a postos, notebooks voltados a armadilha criada e tudo pronto para iniciar gravação. Ficou acordado que o último consultor a sair da sala deixaria tudo preparado para que o culpado mostrasse sua face. Na saída, o último a deixar a sala fez questão em avisar a todos que estava saindo e que a sala estaria vazia, desejando a todos em voz alta um boa noite.

No dia seguinte, a expectativa era enorme, queriam todos ver quem de fato havia cometido tal delito e por qual ocasião isso teria acontecido. O flagrante foi explícito e deflagrado no exato momento do acontecido, com toda nitidez que mostrava o ato do surrupio da guloseima. Duas mulheres flagradas em momentos de descontração enquanto progrediam em seu laboro. Pararam de frente uma da outra, olharam-se e até surgiu um comentário mais maledicente ao produto encontrado: "Estão piorando a qualidade dos bombons, não?". Mas não contavam com aquelas lentes atendas do espionável notebook posicionados estrategicamente para gravar seus atos não tão gloriosos ou legais. Além de surripiar de forma agressiva, já que os bombons estavam quietos em suas embalagens fechadas e intactas, faziam mal caso daquele ato e reclamavam da qualidade mesmo não colaborando com a aquisição dos produtos, desdenhando futilmente daquilo que tomavam de forma ilícita e sem permissão o que não lhes havia sido oferecido.

Passamos algum tempo imaginando uma punição para aquela infração onde surgiram ideias de todos os feitios, desde laxantes a armadilhas de ratos para que deixássemos claro nosso repudio a aquela ação, bem como o desconforto em deixar outros objetos naquele recinto. Logo vimos que se tratava apenas de guloseimas e longe de nós tratá-las como criminosas, afinal era apenas um bombom, por noite, o que não trazia prejuízo algum a ninguém. Mas, em um recinto com apenas homens, (no sentido masculino da palavra o que remete a imaturidade declinante) tínhamos a honra e, por que não dizer, o dever de revidar a altura (ou baixura) daquele ato indecente. Tão indecente que decidimos baixar o nível a patamares de núcleo terrestre, chegando até onde nenhuma pessoa teria a possibilidade em superar.

Depois de muita discussão, sempre paralelo ao nosso trabalho, decidimos deixar um artefato junto as guloseimas para que pudesse surpreender aquelas que estavam tomando sem permissão aquilo que tínhamos guardado para ocasiões gloriosa, deixando claro nossa insatisfação e trazendo um desconforto a quem, mesmo sabendo de seus atos errôneos, criticava nossas escolhas quanto ao sabor ou a variedade de tais guloseimas. Este artefato seria comprado por um dos membros da equipe, de forma discreta e sem muitos contatos. O primeiro contato com o fornecedor foi pouco discreto (e talvez caberia em um capítulo a parte, mas vou descrever de forma resumida). Este consultor, que foi incumbido em fazer este contato, ligou para o fornecedor pedindo informações sobre o produto. Para melhorar o entendimento da delicadeza desta solicitação, o artefato que estamos nos referindo neste momento é um Dildo, também conhecido como consolo ou simplesmente pênis de borracha. O fornecedor lhe deu os detalhes e no exato momento em que o consultor falou a frase "e quando eu posso ir buscar este pênis", adentra ao recinto um funcionário da empresa, que prontamente sai fechando a porta logo após ouvir tal deslumbre.

Com o dildo a postos, se armou toda a estrutura para deixar pronta a armadilha, da qual tínhamos que filmar para que pudesse fazer parte dos anais da história (e para nos divertirmos daquela vingança consolante). Tudo pronto, notebook, caixa de bombons, bombons e o consolo, com um recado anexo, pois apenas ele por lá poderia ser julgado como algo de diversão nos horários vagos.

Dia seguinte, o alvoroço para ver as imagens que de fato nos trouxe o consolo de volta, de forma verbal e física, nos deixou satisfeitos com o resultado obtido. Tanto os bombons quanto o dildo foram deixados de lado e pudemos novamente nos resguardar com estes produtos sem a preocupação de sermos surripiados. Deixamos o prazer de consumi-los apenas em momentos solenes, desfrutando da satisfação dada por ele em toda sua plenitude (estou falando do bombom, que fique bem claro).

Capítulo 7
Uma vez consultor, consultor até morrer

Moro a aproximadamente 4 quilômetros de um cliente bem grande e conhecido no meio da consultoria, completo em todos os sentidos, tanto na sua qualidade em seu ramo quanto nas histórias deixadas por lá, por várias gerações de consultores que por lá fizeram seus nomes, tanto positivamente quanto negativamente. Por lá conheci várias pessoas sem nunca ter as encontrado pessoalmente, justamente por deixarem por lá rastros dos quais fizeram estas pessoas conhecidas, trazidas por comentários fracionados e que quando juntados formavam não só uma opinião, mas um ser que muitas vezes me fazia questionar se aquilo seria possível ser uma pessoa.

Já comentei em alguns capítulos que a reputação é a propaganda mais valiosa de um consultor, estabelecendo até o momento de sua aposentadoria e não há lugar melhor para se reputar e se proliferar do que algo grande e conhecido por todos. O contrário também é verdadeiro, por isso a atuação em um cliente como estes chega a ser muito delicada e deve ser levada com as pontas dos dedos e evitando qualquer conflito, seja ele com quem for.

Conheci uma pessoa por reputação, não está mais entre nós consultores, mas deixou sua marca relevante nos nossos corações. Servia como um guia para acentuação de uma qualidade ou de um defeito, pois tínhamos sempre a certeza de que o convívio com ele seria sempre uma comédia, diversão garantida em todas as tarefas que pudéssemos fazer em conjunto, até mesmo quando a situação era desfavorável, tensa e complicada. Sempre havia uma frase de efeito ou um comentário pertinente a situação que nos fizesse rir.

Acho que todos nós, consultores, conhecemos alguém assim e estas pessoas na verdade são muitas, são pessoas que nos trazem um espírito inovador capaz de modificar um ambiente inteiro e fazer de um projeto um local agradável de convívio, mudando o foco algumas vezes para melhorar o clima e até trazendo para o trabalho o aconchego de um lugar agradável e mais leve.

Assim são as figuras que encontramos pelos caminhos que sempre são ou serão lembrados como referência para nosso trabalho e mesmo aposentados, parados, impotentes e descansando em paz, serão sempre consultores movendo novas gerações e criando seres humanos cada vez melhores.

•

Quando você é um consultor, não adianta falar para o cliente que você está de férias ou que é feriado ou que o final de semana é feriado e que as 3:25 da manhã você costuma estar dormindo. Não existe vida fora da consultoria, no máximo você estará a paisana, com trajes informais e em outro local de trabalho, pois nos dias atuais, qualquer que seja o local, seja aonde for, em qualquer lugar mesmo, baste você ter acesso a internet e lá (como já repetido muitas vezes) será seu local de trabalho.

Me felicitei ao receber, de espontaneidade por parte da empresa, um smartphone de última geração, o mais moderno com uma quantidade de memória quase equiparada a da minha cabeça, sem a necessidade de preencher nenhum formulário ou de qualquer aprovação que fosse. Apenas recebi e assinei um papel. Mas como minha ingenuidade já foi perdida a algum tempo, sabia que havia algo muito maior por trás daquele gesto generoso. Junto com a tecnologia agrupada a aquele aparelho havia também uma experiência de acesso remoto aos correios eletrônicos e a todas as ferramentas necessárias para exercer o trabalho, além, é claro, de acesso ilimitado a internet. Com este instrumento nem a necessidade de um notebook (ou a desculpa que se usaria da necessidade deste aparelho) é justificada para não exercer sua atividade, onde e quando for necessário.

Tecnologicamente falando é algo extraordinário que rompe fronteiras reais e imaginárias, mas insalubremente falando isso se torna deplorável e apavorantemente insano. É como ser médico sem ter a nobreza de sua função, é como ser policial sem ter o preparo psicológico e físico para os momentos fora dos horários habituais de trabalho. O sentimento que aflora naquele momento em que o telefone toca é desproporcional a qualquer atividade prazerosa que esteja sendo exercida e isso vale a qualquer que seja a ligação.

Estava em um projeto de forma remoto, algo sem precedentes até aquele momento, pois as execuções estavam sendo todas exercidas por 3 times diferentes, de 3 empresas distintas com uma única ligação entre todos, a sala virtual de conferência. Essas ferramentas maravilhosas que nos permite visualizar um ao outro, trocar informação, detalhar processos e visualizar até a tela de seu colega e descobrir que ele mantém o site de relacionamento conectado e enviando notificações quando é chamado por outro alguém.

Enfim, trabalhando em equipe, estávamos correndo com um projeto em teoria simples, com poucas atividades, mas com situações novas que ninguém tinha, até então, passado. Muitas discussões foram resolvidas de forma dinâmica e o trabalho estava indo muito bem, com tudo sobre controle e as atividades percorrendo um percurso liso, sem obstáculos e finalizando com muita tranquilidade. Causava espanto quando executávamos uma tarefa e ela finalizava com perfeição, sem erros, sem mensagens, apenas o sucesso em nossa frente, "iremos entregar antes do prazo", balbuciou o gerente do projeto, com uma segurança nunca vista neste cliente. O ambiente estava favorável a todos, as equipes se dando muito bem e as pessoas se elogiavam a cada encontro virtual. Um mundo perfeito, parecia que éramos todos amigos de Facebook e que vivíamos postando frases idealistas que todos concordam e fotos de pets em campos floridos onde todos curtiam. Disseram até que deveríamos fazer isso por mais vezes e que poderíamos até marcar outros encontros virtuais para conversarmos sobre outras coisas.

Mas, não se pode subestimar o poder da sensação de que algo está indo muito bem demais para ser verdade. O momento da execução definitiva é completamente diferente dos testes executados em outros ambientes, diferentes do produtivo. Afinal, treino é treino e jogo é jogo, e mesmo que se treine no mesmo campo de jogo, ganhar no treino é o mesmo que suar na chuva, não cria o mesmo efeito e da a sensação de que nenhum esforço foi efetivamente realizado. Na primeira tarefa em ambiente produtivo um erro, que não havia sido mapeado nem em outros projetos, surgiu alimentando todo o ódio reprimido durante as fases anteriores do projeto. "De quem é a responsabilidade por não ter previsto isso" foi a primeira frase exposta em um tom menos amigável. Ninguém mais se via nas reuniões virtuais, todos desligavam a câmera e deixavam em mudo para poderem xingar uns aos outros. Até que em uma das reuniões, surgiu a frase "mas estes Caras só fazem m...", sem que a pessoa que a regurgitou percebesse a presença destes "Caras" ocultos na reunião.

Nesta altura ninguém era mais amigo, todos se odiavam, a empresa X falava mal da Y que falava mal da Z e as 3 falavam mal do cliente. "Eu sabia que este formato de executar um projeto não ia funcionar", bradou o gerente do projeto. E as acusações passaram por madrugadas afora, dias e noites. Todos juntos, se odiando e se enfrentando, com alguns tentando achar uma falha no trabalho do outro a fim de expor um culpado. Enfim, me senti novamente em um projeto normal com consultores normais e com as pressões e problemas normais.

Ao final tudo se encaixou e foram só elogios as equipes, pelo comprometimento e conhecimento exposto. "Vamos continuar em contato" disse o cliente, como mais uma tentativa de amenizar as ofensas e trazer de volta o clima amistoso. "Sim vamos, até que finalize o tempo estimado do contrato, é claro" respondeu o não tão seguro gerente do projeto.

•

Uma viagem longa, quando de férias, permite você se orientar de forma que os seus desejos sejam realizados durante todo este período, fazendo parte da reflexão inicial de um processo que se inicia no exato momento em que você pisa no aeroporto, te deixando se envolver com aquele clima de idas e vindas, malas, aviões, revistas e aquele friozinho na barriga na alfândega, que por mais que você tenha tido cuidado em esconder suas muambas, sempre percorre uma lembrança daquele produto que você comprou a mais só por estar ali, fácil na sua frente. A viagem de ida é sempre muito empolgante pois sempre vem acompanhada da ansiedade em chegar e iniciar seus mais que merecidos dias de descanso, ou melhor de aproveitamento da vida. Viajar é sempre muito bom, se a viagem leva 15, 17, 20 horas para chegar, não tem problemas, afinal era o que o seu dinheiro permitia naquele momento. Viajar para um lugar paradisíaco, no Caribe por exemplo, em uma ilha, ou melhor duas ilhas empolgantes, com praias fantásticas e calor acima dos 30 quase todos os dias do ano, deixa qualquer um entusiasmado e com a ansiedade aflorando pelas ventas.

Porém, se na mala estiver carregando duas calças sociais e 5 camisas, esta empolgação se torna um tormento inigualável em uma viagem com mais de 17 horas. Isso me aconteceu em um cliente crítico, daqueles que ninguém conseguiu resolver por meses e eu tinha apenas 1 semana para acalmá-lo e resolver algo que sequer tinha ideia do que se tratava. Chegar em um cliente assim, onde muitos já passaram e já fizeram as mesmas perguntas diversas vezes e saíram sem nenhum resultado concreto, já é um desafio tremendo, como já descrevi em algumas passagens destes relatos. Entretanto, se a viagem levar 24 horas para chegar, sendo que destas 8 são de espera em aeroporto e 4 entre transferências de aeronaves, o ânimo do cidadão já é minado logo no início, mesmo antes da chegada ao país do cliente, quiçá as suas instalações.

Outra língua, sotaque estranho e comida exótica são apenas detalhes não relevantes neste momento. O problema a ser atacado é mais importante, já que ele é o determinante para sua possível volta ao inferno (38 graus a sombra e no ar-condicionado, quando tem) e a sua reputação de mais um que tentou e não conseguiu.

Ao chegar ao cliente, percebi o porquê não haviam conseguido um sucesso nas outras tentativas, apesar de ser muito bem recepcionado. O Lugar era simples, as instalações também e o famoso canto para o consultor mais ainda. Não me importo mais por cadeiras confortáveis, ter cadeira é o que importa e naquele momento, o ar-condicionado era um item do qual deveria ter trazido em minha mala. O galpão com telhas de amianto e aparelhos de ar-condicionado deslocadores de parede não me assustava mais, mas o local com cheiro de animal morto me deixou preocupado e pensativo com a imaginação de que poderia ser um dos consultores que não conseguiu resolver o problema.

Como disse, fui muito bem recebido e me apresentaram a alguns dos exóticos sabores local, do qual tive o prazer de degustar e repetir (mesmo não querendo, pois algo que realmente não suporto é coentro) mas fui entendendo um pouco do costume do país e fui percebendo o quanto adaptável é o estômago de um consultor. Não posso dizer que a experiência não foi válida, pois tive uma grande surpresa ao entender que nós podemos ser super-heróis algumas vezes (apesar de serem muito poucas vezes), trazendo um pouco de esperança quando a situação está quase perdida. Fiz o que todos deveriam ter feito, pois talvez poderia ter sido este o grande erro dos consultores anteriores, mas varri tudo que poderia ter causado o problema, olhei cada canto, cada linha de código, cada espaço vazio ou cheio, tudo o que poderia causar o problema e o que não poderia também. Chacoalhei todas as toalhas sujas, limpei as mesas, movimentei as cadeiras, abri todas as gavetas, despenteei todos os funcionários, mas nada foi encontrado.

Dei meu diagnóstico voltado a acusar outra coisa diferente do produto que representava e esperei o veredito para selar o meu destino. Ainda estava na sala em que o cheiro de animal morto só aumentava e torci para que eu não fosse o próximo a exalar o mesmo cheiro. Subitamente uma mulher entrou no ressinto, com um saco preto em uma das mãos e uma pá na outra. Gelei e toda a superfície da minha pele, podia sentir as estalactites se formarem nas minhas sobrancelhas. Eis que uma das pessoas que estava próximo a mim falou "- Vamos ter que fazer o mesmo que fizemos da outra vez". Esbocei uma pequena vontade em ir à toalete, mas me mantive firme e falei que estava disposto a ajudar a qualquer custo e apontei o problema para a conexão de rede, já que tinha convicção que minha vida já não valia tanto naquele momento.

Contudo resolveram acreditar em minhas palavras, já que eu não era o primeiro a fazer este diagnóstico. Começamos a focar em outro problema, com a possível solução com outro profissional especializado em conexões em rede. Em minha mente isso foi um alívio e um ponto positivo para minha reputação, o que me trouxe ao jogo mais uma vez para que eu pudesse declarar os achados que provavam minha teoria. Não me sentia mais acuado e estava confiante que daquela vez eu sairia ileso, apesar do estômago ainda sofrer de algumas lesões, o que não me deixou sequelas.

A mulher com o saco preto nas mãos interrompeu nossa resenha e bravejou algumas palavras do qual não tive a capacidade de entender, o que deixou todos quietos por alguns segundos. Após o silêncio de todos ela continuou: "-Como vocês estão conseguindo suportar este cheiro horrível. Tem comida jogada aqui neste lixo que deve estar aí por semanas. Se não sou eu vir limpar iria empestear a empresa toda". Enfim, não sou o único consultor que não suporta coentro.

•

A fama de um consultor nem sempre é fardada como um bom samaritano, mesmo que tenha muitas evidências de sua integridade e fidelidade. Estou falando em homem e mulher, no sentido real de sua sensualidade. Ser consultor implica em estar longe, em algumas vezes sozinho e desamparado, em termos de companhia amorosa, o que leva o ser a pensar nos seus instintos mais animalesco possível, esquecendo de toda a amarração ao seu entorno, criando ficções de pura irrealidade com os mais improváveis seres do universo.

Não adiante eu afirmar com as duas mãos sobre a bíblia e os pés juntos que jamais tive qualquer evolução dos pensamentos bizarros gerados pela imaturidade cerebral e pela pacificidade dos lugares que estive, pois, a simples notificação de minha profissão me faz culpado de todos os crimes que nunca cometi. Mas não quero me defender de nada e nem expressar alguma vantagem ou difamar a quem já cometeu tais ações. Quero apenas relatar mais uma aventura deveras constrangedora para quem lê, pois não posso afirmar a veracidade deste relato, apenas expor como uma história, mesmo que mal contada.

Aconteceu no nordeste brasileiro, lugar lindo, quente em todos os sentidos e com tentações em todos os lugares, comidas típicas, praias maravilhosas, areias claras, mulheres lindas e homens também. Tudo isso unido a um projeto complicado, com um cliente difícil de tratar e muitos problemas relatados de ambos os lados. O clima fervente, tanto fora quanto dentro da empresa e do projeto, muitas brigas, discussões e prazos apertados. As pessoas loucas para entregar sua parte do projeto e ninguém capaz de trazer uma harmonia ao grupo. Com tantos problemas, teria que haver uma válvula de escape para que pudéssemos sair vivos de tudo isso e as escapadas nos finais de semana eram algo que trazia um alívio daquela rotina carregada de vibrações negativas.

Porém, algumas pessoas saiam do script. Buscavam uma válvula onde não deveriam e traziam estes problemas para muito perto, a ponto de serem vistos como novos membros da equipe. Simplificando, um dos membros, um rapaz de idade um pouco avançada, grisalho e com bons papos, conseguiu atrair alguém para o seu covil, mesmo ele sendo casado a anos e com um matrimonio muito bem estabelecido. Isso causou um pequeno mal-estar para a equipe, que era formada por homens e mulheres, a maioria casado, com filhos e com uma visão um pouco diferente dessas atitudes. Mais uma vez digo que não julgo ninguém e que somente estou relatando os fatos (ou historiando os eventuais fatos).

Como um delito ou algo que se saia das habituais regras morais, tudo é feito de forma discreta e encoberta para que não fique evidente tal ato, o que de alguma forma é mais do que óbvio. Mas, o conhecimento do fato por todos da equipe não abalou a estrutura do pecador (somos todos pecadores) mesmo porque éramos discretos na frente dele. Porém, em um determinado final de semana, de forma repentina e espontânea, sua esposa resolveu aparecer de surpresa, junto com sua filha, já adolescente, para desfrutar alguns dias ensolarados de verão a seu lado, aproveitando a estadia já paga pela empresa ao consultor.

O desespero desse senhor foi algo apavorante, até mesmo para quem já havia deflagrado outras situações parecidas, pois os delitos são recorrentes até que sejam descobertos. Porém, para esta situação era necessária uma atuação grandiosa diante de tantas evidências e sua reação foi a mais inesperada possível. Ele se deitou ao chão, desfalecido e imóvel, apenas com os olhos abertos, mostrando uma frieza glacial. Ficou por horas assim, sem responder uma só questão, sem falar uma só vogal, apenas deitado e imóvel, assustando a todos a ponto de chamarem uma ambulância e o levarem ao hospital, onde ficou por 3 dias, ainda imóvel.

Quando voltou a si (hipoteticamente) dizia não se lembrar de nada, nada mesmo, de seu relacionamento com a esposa, de seu casamento, de sua filha, de seu nome, do que estava fazendo ali, de sua cidade. Amnésia absoluta, não tinha nenhuma lembrança, nem mesmo de nós que estávamos na equipe. Nada foi confirmado pelos médicos que fizeram vários exames e nada encontraram (óbvio) mas lhe deram uma semana para descansar e voltar a sua casa com sua família para tentar recordar de algo.

Evidentemente foi um assunto retratado por semanas e a forma da qual foi conduzida a atuação nos deixou perplexo. Todos tínhamos a certeza de que seria um flagrante absoluto e sem possibilidades de defesa (na verdade estávamos torcendo por isso) que se contornou de forma tão anormal e inesperada que foi digna de um reconhecimento pelos seus colegas e uma reconciliação com sua esposa e filha.

Ao retornar ao projeto, já "recuperado", sua entrada foi com aquele sorrisinho de Mona Lisa, passando por nós como se nada tivesse acontecido. Um dos rapazes chegou a perguntar se ele estava melhor. Com aquele sorriso irritante de canto de boca, respondeu: "- Estou ótimo, pronto para me lembrar de tudo".

•

A sorte de um consultor muda a cada projeto e podemos dizer que ter sorte é um privilégio para poucos. A mudança na sorte varia com a sua intensidade e sua positividade ou negatividade. Ter sorte negativa é uma maneira muito discreta e otimista de falar que o copo está meio vazio, pois apesar de estar completamente vazio, algumas gotas podem ser consideradas como um princípio de oportunidade, já que nada é tão relevante como a perspectiva de um consultor em relação a sua sorte em um cliente. Podemos chamar de sorte muitos fatores, entre eles a amabilidade do cliente, o momento em que se chega no projeto, um parceiro compreensível e pouco competitivo ou até mesmo ter um lugar para ficar.

De todas as formas de impulsionar um projeto a pior delas é aumentar o número de "recursos" para aumentar a produtividade. Ainda não se tem claro em algumas mentes brilhantes que o aumento de produtividade não significa trabalhar mais e sim melhor de forma mais tranquila e eficaz, com foco principal no objetivo final e não na quantidade de horas que serão cobradas. A intensificação da produtividade que é relativa em cada projeto e função, se combina com a relevância dada pelo consultor a sua sorte no projeto. Se o ambiente é hostil e a localização é precária a sorte se torna irrelevante e a produtividade proporcional a relevância dada a esta situação.

Sei que ficou confusa esta explicação, mas vou exemplificar para deixar mais claro.

Participei de um projeto curto na medida do tempo, mas longo na sua intensidade e relevância para empresa. Ao chegar fui muito bem recebido, caras já conhecidas, colegas de longa data, bem localizado e local agradável para sentar-se com ar-condicionado, banheiro, água e até café fresco. Local de fácil acesso, sem muito estres para chegar e ir embora e muitas opções de gastronomia. Ou seja, tive sorte e deixei isso ser relevante durante todo o projeto, que apesar de ter durado muito mais do que havia sido previsto (algo absolutamente corriqueiro na vida de um consultor) me fez produzir muito além do que eu mesmo esperava produzir. Dentro do meu ponto de vista, sucesso absoluto. Aliás, para a empresa também.

Para um colega, a experiência não foi a mesma. As condições foram as mesmas, o projeto foi o mesmo, o local e o que rodeavam o projeto foram imensamente favoráveis a ele, assim como havia sido para mim. Porém sua perspectiva o levou a encarar todos estes pontos de vista como algo irrelevante, produzindo em si uma atmosfera opressora e desconfortável, onde a sorte inicial não tinha mudado o fato de ele estar no projeto fazendo algo novo, do qual ele não conhecia e que poderia trazer perspectivas de um futuro diferente, com base no novo conhecimento. Nada o agradava e aquilo para ele se transformou em um inferno, sendo, segundo suas palavras, seu "pior projeto", pois atrasou a entrega, não tinha lugar para almoçar comida saudável (em sua opinião, claro), café estava sempre frio e até a cadeira lhe fazia mal.

Não importa o quanto o consultor tenha sorte, se não houver uma relevância nos termos da sua aceitação. Já que não existe nada perfeito, seja com sorte ou com azar, em termos de projeto bem-sucedido, mesmo que se tenha uma quantidade enorme de projetos para se fazer uma comparação, a vida em um projeto onde o copo de café frio que está na metade é ainda melhor, em qualquer circunstância, do que uma vida sem projetos.

•

Continuando a falar de sorte ou azar, este fato ocorreu a algum tempo e provavelmente as pessoas envolvidas nem se lembrem do acontecimento. A sorte, como disse a pouco, depende muito do ponto de vista e da importância que se dá aos acontecimentos. Mas, por outro lado, aquela velha frase que a corda sempre arrebenta no lado mais fraco é acolhida de forma intensiva nesta situação que irei descrever. Não sei se a questão de sorte ou azar é relevante, mas apenas uma visão de responsabilidade compartilhada e de posições mais claras e definidas quanto as suas intenções finais, poderiam resolver este caso de forma muito mais tranquila.

Isso aconteceu em um cliente onde o projeto se perdurou por anos, o que muitas vezes torna o consultor íntimo do cliente, e as vezes íntimo demais. Um de nossos colegas, bem apessoado, com a autoestima estratosférica e perfil de galã (o que seria hoje nas redes sociais, que não existia na época, um grande influenciador de beleza estética) resolveu, apesar de estar judicialmente agregado a outra pessoa, ter uma experiência diferente, dentro de domínio heterossexual. Caiu em amores por uma jovem de beleza ímpar, com todos os padrões estabelecidos pela sociedade como perfeita, em todos os sentidos. Amável, inteligente (há controvérsias) e linda de corpo e alma. Capaz de chamar atenção a quilómetros e com um sensual admirável. Todos (homens e algumas mulheres) babavam pelo "crush" como um alvo simplesmente inacessível.

Todos menos um de nossos colegas, este apessoado que citei acima, que se gabava nos mais altos níveis de hierarquia, cantando aos cantos que sua conquista era a mais digna de sua realeza. Todos os colegas o "admiravam" na sua mais profunda raiva toda vez que entrava no assunto, ou quando era visto com ela nos corredores e cafés da empresa. É claro que a admiração era pelo talento em conseguir tal proeza, já que suas qualidades monetárias não o traziam a esse patamar. Mesmo assim, conquistar alguém com tantos adjetivos e substantivos apenas com sua beleza e, claro, sua lábia conquistadora, era algo passível de prêmio Nobel.

O tempo passou e seu relacionamento se acalorou e, evidentemente, não era apenas conversa que ambos queriam. Ainda assim o mantinham sob segredo completo, jamais ouvimos a deusa citar tal envolvimento, nem mesmo algum afago entre eles em público. No colega era envolvido de forma legal com sua companheira que havia ficado em sua residência cuidando dos filhos e a beldade tinha que manter sua classe diante dos diretores a qual ela servia como secretária executiva. Havia sempre o comentário sobre a possibilidade de ela engravidar, mas sempre nosso colega nos informava que ela estava tomando todas as medidas protetivas. Mesmo assim os comentários de que ele não deveria deixar isso apenas nas mãos dela eram constantes. Mas ele sempre retrucava com um "relaxa, a gente sabe o está fazendo".

Um dia, sentimos uma movimentação um pouco anormal dentro do projeto. Pessoas falavam pelos cantos, sussurrando como se fossem informações de alta periculosidade e que pudessem afetar a todos. Como não existem segredos nos corredores, logo os sussurros se tornaram alvoroço. Pessoas perguntando se já sabíamos da novidade e que o "bicho ia pegar". Nosso colega estava pálido como a neve e tão gelado quanto. Ao mesmo tempo se mostrava surpreso e irritado. A tal beldade estava voltando do laboratório que constatou a veracidade de sua gravidez. Algo que, de certa forma, já esperávamos pela forma que nos era contada as experiências de nosso colega nos momentos relaxantes de nossos encontros para almoçar ou jantar. De uma forma ou de outra já tínhamos uma certa desconfiança quanto a esta possibilidade, mas não esperávamos que isso fosse trazer algo que jamais havíamos pensado ou sequer cogitado durante todo este período. Junto com o resultado afirmativo de gravidez, nossa princesa trouxe junto cinco formulários para solicitação de exames de paternidade, entregues a quatro diretores a ao nosso querido colega.

A surpresa não foi apenas de nosso colega, mas a revolta em saber que ele não era o único o transformou em alguém apático e com sua dignidade afetada. Contam os corredores que todos fizeram o tal teste e aí entra as definições de sorte e azar e a teoria da relatividade. Por sorte/azar de nosso amigo, a paternidade foi atribuída a ele, para sorte/azar dos outros quatro participantes. Por sorte/azar dela, ele assumiu o filho, que causou o fim de seu relacionamento matrimonial anterior.

Não sei como andam hoje, já que ao final do projeto perdemos completamente o contato, mas um aprendizado ficou para a história dos contos amorosos externos aos matrimônios. Aliás mais um, já que havia citado outros e pode mostrar e exemplificar os dois lados da sorte e do azar.

Capítulo 8
Liberdade para dentro da cabeça

Bases de trabalho formadas no conforto de seu lar são muitas vezes possibilidades quase impossíveis em determinados trabalhos ou até mesmo em lugares onde a presença não se faz essencial para a atuação de suas atividades. O trabalho remoto muitas vezes traz a percepção de um conforto e de uma qualidade de vida maior que a necessidade de se deslocar de sua habitação até o local de seu trabalho. Muitas vezes a simples possibilidade de fazer qualquer atividade vestindo um pijama ou até roupas íntimas sem nada para cobrir já conforta um amplo motivo de pensamentos laterais, já que sua liberdade fica presa apenas a um computador ligado a internet.

Porém os meandros para que essa prática seja aplicada nem sempre são levados em consideração e sempre são articulados para que sua liberdade seja vendida junto com sua esperança em concertar aquele móvel velho, em construir uma horta com hortaliças das quais as sementes compradas no mercado estão quase brotando de dentro do pacotinho ou da instalação da cortina que você achou um absurdo cobrarem os olhos da cara para fazer um serviço que você faria de graça e com a mesma qualidade. As entrelinhas deixam claras que o seu horário de trabalho se estende das 8:00hs às 17:30hs, com um intervalo de uma hora e meia para sua alimentação e talvez um eventual descanso. O problema é que não avisam todos os lados envolvidos, tanto o cliente que está sendo contemplado com seu trabalho remoto quanto o gerente do projeto que desconfia de cada segundo em que seu computador entra em descanso (nem ele tem este direito).

Reuniões ao meio-dia para evitar atrapalhar os desenvolvimentos durante o dia são frequentes e duradouras. Geralmente levam mais tempo do que deveria, o que limita o tempo de almoço que na maioria das vezes são feitos sobre o computador, espalhando migalhas sobre o teclado e trazendo sujeira nas imediações da mesa de trabalho, que nem sempre são limpas pela falta de tempo em passar um pano. Sim, o tempo fica escasso, onde você perderia no deslocamento de seu lar ao escritório ou cliente você "ganha" para fazer mais tarefas e ser mais eficiente. As 17:30hs que seria o horário do "fui" não existe mais, foram trocadas pelas reuniões de acompanhamento do projeto para que seja feita uma atualização das atividades desenvolvidas durante o dia e, claro, uma mensagem importante do gerente que sempre é o último a falar e detalhar em mais baixo nível todas as atividades de todos os envolvidos no projeto, onde os próximos passos, aqueles em que você está sempre envolvido e tem que ter prestado atenção na reunião para entender do que se trata, é o último tópico geralmente iniciando por volta das 19hs e finalizando com a frase "amanhã tem mais". Sim, dia seguinte, iniciando as 8:30hs, temos a reunião diária com as atividades que serão realizadas durante o dia e pautadas para o insumo da reunião das 17:30hs.

Claro, você ganhou a comodidade de seu lar, sua cadeira e sua família próxima. Pode até almoçar todos os dias com sua companheira ou companheiro, seus filhos, seus pets e até sua faxineira, que vem uma vez por semana para "passar um pano". É liberdade para levantar da sua cadeira confortável e beber o que achar na geladeira (na maioria das vezes água gelada, quando tiver). Comer lanche que você mesmo prepara enquanto seu computador está com um clip no teclado para dar sequencia as tarefas ou para uma simples forma de enganar o protetor de tela. Mesmo não tendo filhos, mulher, pets ou faxineira, a liberdade em poder coçar o nariz e higienizá-lo com os dedos, soltar gases por todos os orifícios sem a preocupação de alguém reclamar, ter um banheiro só seu para descarregar suas tensões sem perturbar o assento ao lado, lhe traz uma percepção que a vida existe nos mínimos detalhes que foram perdidos em todos estes anos que você viveu em comunidade. A tolerância, o companheirismo, a comutatividade entre os colegas e o sentido de compartilhamento somem como se nunca estivessem existidos. Isso acaba ficando muito centralizado nas suas ações e você acaba percebendo que talvez, de fato, outras pessoas não seriam mais necessárias na sua vida profissional, pois você consegue ser o seu próprio gerente humano, coordenando todos as suas tarefas e articulando suas decisões. Você consegue perceber que é o centro das suas atenções, pois não há mais uma moça com calça branca apertada passando por seus olhos todo instante ou aquele crush másculo com músculos aparente desfilando com os cabelos arrumado na régua que te faz perder a concentração. O máximo é seu gato esfregando o longo rabo no seu nariz e sapateando no seu teclado ou seu cachorrinho com o brinquedinho na boca te chamando para o quintal.

A vida poderia ser assim para sempre, ambiente perfeito para acordar mais tarde e planejar uma atividade física todas as manhãs, qualidade de vida, comida caseira todos os dias e companhia perfeita por todo o dia, família, filhos, pets, faxineira (ok, este último não faz sentido neste contexto). Mas, como o personagem daquela piada que nunca havia visto neve na vida e foi morar em um lugar que só tinha neve, tudo tem seu limite e os detalhes que antes você não se importava ou que nem percebia sua existência começam a ter uma importância absurdamente relevante. Algumas manias começam a se aflorar, aquele canto da parede mal pintada, os cabos de energia passando por seu pé, o quadro torno na parede suja com marca de dedo, o relógio que está 23 segundos atrasado em relação ao horário do seu notebook e até o cheiro do rabo de seu gato que você nunca havia percebido que sequer tinha rabo. A falta de uma pessoa para compartilhar qualquer assunto o faz começar (ou intensificar) a conversar consigo, batendo longos papos onde há discordância e até discussões. Chamar um ou uma colega para conversar qualquer coisa, mesmo que não seja sobre trabalho, ou quando é sobre trabalho acabam falando de tudo, menos sobre o trabalho.

A perfeita forma de viver no trabalho começa a ficar insuportável por algum momento. Você consegue até dormir até mais tarde, mas vai dormir tarde todos os dias, muitas vezes trabalhando, já que está ali perto da sua principal ferramenta de trabalho. A internet se torna insuportável também e sua velocidade já não parece o bastante para aquilo que você precisa. Ficar sentado naquela sua cadeira nova de escritório, superconfortável quando você comprou, mas que agora está em forma de canoa pelas longas horas assentado nela, não lhe parece mais uma vida ideal, saudável. Como poder levantar-se para fazer algo diferente se os 8 projetos simultâneos lhe consomem 27 horas de trabalho por dia, já que você ganhou duas horas (uma para ir outra pra voltar) no deslocamento até trabalho e mais uma hora para se arrumar (entre banhos, maquiagem, barba, cabelo, etc.).

Depois de um tempo neste esquema você começa a acostumar com a ideia, fica mais maleável com os detalhes do seu escritório e com o convívio de seus novos colegas (família, filhos, pets, faxineira). Tudo vai se encaixando e você começa a ter uma rotina regrada dentro de seu novo ambiente profissional. As coisas começam a ficar mais tranquilas, os projetos já não são tão paralelos e a sequência de tarefas começam a lhe permitir levantar para tomar um café, mesmo que seja sozinho. Começa a pensar que agora este é o seu normal, seu prefeito meio de ganhar a vida e sua rotina fica moldurada nos afazeres recorrentes de um hábito mais controlado e gerenciável, permitindo um crescimento interior e ajustável a sua atuação como consultor remoto. Pelo menos até a sua vida se reestruturar novamente e se reinventar com qualquer outra nova tendência, seja ela forçada por atrocidades adversas extremas ou situações de calamidades geradas por movimentos naturais, ou por um modismo inventado por um gerador de tendências globais em uma feira universitária.

•

Trabalhar em vários projetos ao mesmo tempo não é tarefa para muitos e geralmente são executados quando o trabalho é remoto e você não precisa estar presencialmente em nenhum deles. As tarefas devem ser cuidadosamente gerenciadas pois um único equívoco pode expor seu descontrole pessoal, fazendo você passar por situações sinistras e deveras constrangedoras.

Estava eu trabalhando alegremente em um único projeto, remoto por se tratar de um cliente fora do país e com restrições de voos definidos pela empresa. Feliz por ter apenas um projeto em andamento e nenhum outro em paralelo. Ao expor esta satisfação em uma das reuniões de equipe, percebi que era o único nesta situação o que levou ao meu gerente achar que minha vida estava muito fácil e que precisava fazer uma restruturada nas alocações entre a equipe, o que tornou minha vida um inferno.

Três projetos diferentes, com atividades e responsabilidades completamente distintas e países diferentes, nenhum falando minha língua e com fusos horários que cobriam quase que cem por cento do dia, que se iniciava as 6:30hs e se encerrava as 22:00hs. Um verdadeiro mix de atividades que se confundiam com os nomes dos clientes. Tive que criar um mecanismo para identificar o horário e o cliente em que estava trabalhando, o que se confundia nos horários que se sobrepunham me fazendo conhecer habilidades minhas que achava ser impossível praticar. Cheguei a participar de duas reuniões remotas, responder e-mail, discutir outro assunto no chat e pagar uma conta ao mesmo tempo, sem confundir ou misturar os assuntos. Seria ótimo se isso fosse uma realidade constante, porém fui capaz de fazer quase a mesma coisa, porém confundindo tudo.

Comecei a identificar as tarefas por letras iniciais de cada cliente, onde chamei de "A" o primeiro cliente, "S" o segundo e "P" o terceiro. Colocava as iniciais em tudo, tanto acesso, quanto as tarefas, cronogramas e reuniões, fazendo da minha agenda uma sopa de letrinhas.

Em um certo ponto de um dos projetos, precisava apresentar ao cliente "A" um desenho de um trabalho que havia feito. Entrei na sala virtual um pouco atrasado, fiz minha saudação, abri o arquivo power point, compartilhei minha tela e comecei a falar do que se tratava cada objeto desenhado na apresentação. Após finalizar a primeira página e perguntar se havia alguma dúvida, notei que não havia ninguém na sala virtual e que apenas eu estava conectado. Revi a sala e percebi que tinha entrado no cliente "S" e não no "A". Saí de imediato e ingressei na sala correta, já me desculpando do atraso na reunião, sem comentar o ocorrido. Fiquei aliviado por não condenarem minha demora em entrar na reunião, mas intrigado por não terem me aguardado para falar sobre a apresentação que havia criado. Nem sequer me deram a palavra e continuaram a discutir outros temas. Incerto do que estava acontecendo, resolvi interromper o orador e questionar sobre a apresentação. "De que apresentação exatamente você está falando?" retrucou o confuso colega no outro lado da linha. Cai em si e percebi que a apresentação nada tinha a ver com o cliente "A" e sim o cliente "P", numa reunião marcada no mesmo horário só que no dia seguinte. Esclarecendo melhor, eu tinha uma apresentação para o cliente "P" que tentei apresentar ao cliente "A" em uma sala virtual do cliente "S". Após minhas desculpas, dizendo que havia me confundido de fórum, passei quase que desapercebido pelos colegas. Porém, o gerente do projeto por parte do cliente conseguiu notar uma certa desorganização minha, e começou a cuidar um pouco mais das minhas atividades, me testando a cada nova conversa. E não demorou muito para que eu me enrolasse novamente marcando uma reunião no cliente "A" e outra reunião no cliente "P" no mesmo dia e horário. A confusão foi gigante e clara notada pelos dois clientes. E daí pra frente foram outras e outras mancadas de meu lado, chamando pessoas do cliente "S" para participar de reunião com o cliente "A", chamar o cliente "P" de "S", fazer tarefas do cliente "A" no ambiente do cliente "P", entre outras situações constrangedoras.

Aprendi com isso minha limitação e cheguei a pensar que tinha problemas neurológicos além de meu déficit de atenção. Mas entendi que o problema não estava do meu lado, que tinha pouca ou nenhuma culpa em não conseguir organizar as atividades que se acumulavam a cada dia e que não tinha a obrigação em comandar todo este ecossistema de forma exemplar. Consegui aprender a me direcionar e colocar em pauta a minha vontade direcionada a capacidade que tinha em executar o que precisava ser feito nos momentos corretos, dividindo o trabalho em etapas e classificando as tarefas em prioridades.

Foi quando decidi reunir os três gerentes, em reuniões separadas, e estabelecer com eles os horários em que estaria disponível para cada um, gerenciando assim uma forma de me dedicar integralmente a cada um dos clientes em um determinado horário, definindo assim um planejamento específico onde cada cliente me teria em seu devido horário, não sendo possível me ter em horários não reservado para ele. Consegui impor esta minha vontade e mostrar a importância do meu trabalho aos três projetos além da dependência significativa da minha presença em todos eles.

O plano seguiu conforme o combinado até que as prioridades foram sobrepostas, foi quando descobri que o ser humano quando exposto a uma situação de desespero é capaz de qualquer coisa. Tive três prioridades chamadas de zero ao mesmo tempo, onde chegaram a permitir a separação de meus membros para atender a estas prioridades. Esfoliaram cada centímetro de minha pele, fiquei 4 semanas em dias consecutivos, sentado em uma cadeira em frente a duas telas monitorando três clientes, me alimentando sobre o teclado, com calos no antebraço e uma sonda de água ligada à minha garganta (este último um exagero permitido).

Finalizado os três projetos, a espera de um reconhecimento, não tive forças para pensar em uma resposta digna ao saber que nem citado fui por meu esforço. Senti que dali para frente seria diferente, mais experiente e capaz de negar qualquer coisa que fosse além do horário de trabalho "normal". Indignado por não conhecerem minha capacidade de atropelamento pessoal, onde deixei de lado tudo que faz parte de minha vida pessoal para me dedicar a entrega de minhas tarefas, resolvi então ser mais duro com minhas escolhas e com o que escolhiam para mim e passei a aceitar apenas o "filé" afim de me valorizar e permitir ter maior qualidade de vida.

Uma semana depois meu gerente entrou em contato, me agradeceu pelo empenho e perguntou: "Tenho 3 projetos para você, que achas?".

•

Trabalhar remoto é algo inteiramente ingrato e profundamente injusto, com o consultor é claro. O trabalho remoto, como já citei em alguns casos, lhe trás o benefício do deslocamento, onde sua posição final é no máximo a 5 passos do banheiro ou do seu quarto e mais próximo ainda da cozinha, se não for na própria. A ingratidão se vê quando o desenvolvimento do trabalho ultrapassa os horários convencionais (de um ser humano normal) atingindo patamares extravagantes e causando sequências laborais contínuas com durações nunca percebida quando executa em loco. Em várias situações me vi iniciando meus trabalhos as 8 da manhã, almoçando sobre o teclado e jantando ao lado do mouse, levantando-se apenas para aliviar o excesso de líquido. E quando levantada a questão quanto ao processo de trabalho, a piadinha que vêm da esquina é sempre degradando sua posição e seu esforço nem sempre recompensado. Frases como "que mamata, heim" ou "queria eu ter este trabalho" nos irrita tanto que o desejo de reverter a situação é quase sufocante e a réplica vem as vezes sem pensar "se eu ganhasse o que você ganha....".

Há, de fato, uma compensação, óbvio, relativa ao deslocamento, tanto inicial como final, onde você tem uma possibilidade de desfrutar todo aquele arsenal de bugigangas que instalou em sua casa para utilizar em um final de semana ou em umas férias em casa (que nunca acontecem, não por não desfrutar e sim por nunca ficar em casa nas férias) e que nunca usou de fato, como aquele copo de café do Star Wars ou orelha de Mickey, aquele abridor de vinhos da Betty Boo ou aquele aparador de copos que fica na beira da mesa equilibrando o líquido com a cara do Homer Simpson. Sem falar na cadeira adquirida a anos para o seu escritório e que ainda está cheirando a couro novo por ter sido utilizado muito pouco por estar sempre em clientes longe de casa.

O trabalho remoto já foi muito discriminado principalmente por gerentes antigos, que conseguiam apenas gerenciar pessoas a sua vista e ao seu redor, mesmo não cumprindo os horários estabelecidos por ele próprio. Gerentes que sabiam exatamente o horário que você chegou e que foi embora, mesmo não estando presente, e se preocupam com o bem-estar da planta não regada no fundo do escritório e em cumprimentar a diarista que passa o café todos os dias de manhã e depois do almoço. Estes sim são incomodados pela não presença de seus comandados no local da execução do trabalho e pela falta de controle (diga-se horário) dos pobres consultores (tive que nos empobrecer, afinal a ideia é dar ênfase ao nosso esforço).

Porém, diante de uma avalanche de mudanças, da atualização dos meios de trabalho e da evolução dos meios de comunicação tivemos uma revolução participativa de uma geração neste processo evolutivo e isso sem mencionar as catástrofes que fizeram evoluir nosso pensamento quanto a esta maneira de exercer nossas funções. A mente dos consultores, já acostumados a lidar com tais mudanças e gerenciar profundas atualizações remotas tornou algo tão viável quanto a ação de se deslocar até um ponto, próximo ou distante, de carro ou de avião, até seu local de trabalho, que atualmente nada mais é que seu confiável notebook e uma conexão com a internet, e em breve será apenas seu celular.

Com esta evolução e com a renovação da "frota" de gerentes por funcionários mais novos, a decadente leva gerada por um monótono período sombrio, herdada dos primórdios projetos de movimentações absurdas de pessoas indo e vindo que geravam reuniões em auditórios lotados, começa a dar lugar a mentes mais abertas e flexíveis, capazes de confiar plenamente na autogestão e na entrega de resultados. O que me arremete a um projeto, onde convivi com os mais antigos gestores de pessoas, onde a gestão se limitava a conhecer seu nome e saber quem é você na planilha de gastos. A liderança era irrestrita e nos deixava livre apenas para pensar em quem seria o prejudicado na próxima reunião de exposição das atividades da semana. Bastava uma frase em um momento ruim, você já era o motivo para ser discutido e selado como o devedor da semana, deixando tarefas para serem entregues, junto com as atividades habituais, para a próxima reunião. O que gerava um ciclo quase infinito de problemas a serem enfrentados.

Fui o exemplo claro de assunto por semanas, pelo simples fato de ser o único consultor na reunião e de tentar fazer tarefas que cabiam a funcionários com carreiras longas a cumprir. Fui motivo de saciedade do gerente que parecia aguardar o momento da reunião semanal para se satisfazer com seu vasto vocabulário de ofensas. Evidentemente nunca fui diretamente ofendido com palavras de baixo calão, mas o suficiente para gerar um assédio moral nos dias de hoje. Mas quem ligaria para um consultor, para quem ele deveria reclamar ou para onde ele deveria apontar sua acusação? Claro que para um consultor trabalhando em um cliente e sendo insultado pelo próprio, eu deveria me calar e seguir meu trabalho, até que pudesse me desvencilhar do projeto em busca de algo mais nobre.

Investi nisso, em buscar alguma coisa com o nível que eu pudesse ter liberdade nas atividades e não ser oprimido pelo proletariado gerador de causas infrutíferas afim de causar desgaste e retardo na finalização dos projetos. Decidi ser muito mais agressivo nas minhas explanações e colocar os pontos nos principais afazeres, levando toda discussão para longe de minhas atividades e envolver pessoas do cliente, a fim de manter o jogo equilibrado, sem ofender e ser ofendido.

Nada disso funcionou, o projeto acabou em 10 meses e saí de lá mais cascudo, preparado para o que o mercado opressor pudesse me oferecer depois, já que durante 10 meses havia perdido totalmente a esperança em continuar minhas atividades dentro e fora da empresa.

Porém, com um fecho de sorte e uma dose massiva de realidade, encontrei o caminha real da verdadeira forma de se trabalhar. Bastou apenas uma oportunidade para entender que uma profissão é feita com pessoas dispostas a entender e qualificar suas atividades, com confiança e foco no resultado, de forma conjunta e olhando sempre no que se pode melhorar na entrega final. Busquei isso em todo quanto é lugar e só encontrei na minha vontade de continuar com esta profissão, seja ela remota ou presencial, fazer o melhor com aquilo que eu tinha, sempre iria me trazer o melhor resultado independente de quem estivesse gerenciando o produto.

Saí dali mais maduro, aquilo, por incrível que pareça, me fez bem. Estava me sentindo preparado para encarar o que viesse, fosse ruim ou bom. Entendi como a vida funcionava na corporação e onde eu poderia abrir minhas asas e até que ponto eu poderia abrir. Entrei em novos projetos e consegui gerenciar minha própria pessoa. Tive a possibilidade de me enquadrar em novos assuntos e de rebater qualquer insulto com o silêncio e perdi o medo de encarar (quase) todos os meus esqueletos no armário.

Encarei outros projetos de mesmo nível e consegui lidar com todos até me tornar um "aceitador" de projetos problemáticos oficial de meu time. Não que isso tenha me qualificado, afinal O Consultor está aí pra isso mesmo.

www.ingramcontent.com/pod-product-compliance
Lightning Source LLC
Chambersburg PA
CBHW052327220526
45472CB00001B/305